道德思维加油站

——社会主义核心价值观教育活动设计

戴宏娟 等／著

东北师范大学出版社

长 春

图书在版编目（CIP）数据

道德思维加油站：社会主义核心价值观教育活动设计 / 戴宏娟等著. — 长春：东北师范大学出版社，2021.3
ISBN 978-7-5681-7611-8

Ⅰ.①道… Ⅱ.①戴… Ⅲ.①中国少年先锋队—少年先锋队活动—活动课程—课程设计—小学 Ⅳ.①D432.51

中国版本图书馆CIP数据核字（2021）第046185号

□责任编辑：石　斌　　　　　　　□封面设计：言之凿
□责任校对：刘彦妮　张小娅　　　□责任印制：许　冰

东北师范大学出版社出版发行
长春净月经济开发区金宝街 118 号（邮政编码：130117）
电话：0431-84568115
网址：http://www.nenup.com
北京言之凿文化发展有限公司设计部制版
北京政采印刷服务有限公司印装
北京市中关村科技园区通州园金桥科技产业基地环科中路 17 号（邮编：101102）
2022年4月第1版　2022年4月第1次印刷
幅面尺寸：185mm×260mm　印张：13.5　字数：243千

定价：59.00元

道德思维研究的缘起

　　为什么明知道行路时红灯停、绿灯行，可还是会有人忍不住闯红灯？为什么明知道欺骗是一种可耻的行为，可还是会有人考试作弊？……生活中，有些事我们明明知道应该这样做，可偏要那么做；有些事我们明明知道不应该那样做，可还是这么做了。在少年儿童日常生活的经历中不乏上述类似的现象，为什么这些人的知和行出现了不一致？生活中，人们也会遇到这样一些两难境地：马路上，老人摔倒了到底要不要主动扶起？地铁口，面对乞丐要不要放上自己的零花钱？自己有任务在身，他人又急需帮助时，要不要伸出援助之手？……

　　通过公民道德建设的不断深化和拓展，逐步形成与发展社会主义市场经济相适应的社会主义道德体系，是提高全民族素质、发展先进文化的一项基础性工程。如上来自青少年的发问和疑惑说明我国的道德建设环境有待进一步净化，公民的道德意识、道德素养有待进一步提升。亚里士多德说"思维自疑问和惊奇开始"，面对生活中碰到的困惑和矛盾，青少年如何以正确的价值观对身边的道德冲突问题进行思考、判断和推理，然后做出既符合时代要求又不违背内心所想的道德选择呢？这就涉及道德思维培养的问题。

　　道德思维首先应该是关于"道德"的思维，是"人们以追求生存的应该和生命之善为内容和目的的一种特殊思维方式，是根据道德感知而进行的理性思考和推理"[①]。人的道德行为方式受道德思维水平的制约和支配，只有在掌握道德思维规律的情况下，人们才能更好地提升个体的道德修养。苏霍姆林斯基曾把儿童比作一块大理石，他说，把这块大理石塑造成一座雕像需要六位雕塑家：家庭、学校、儿童所在的集体、儿童本人、书籍和偶然出现的因

---

① 黄富峰.论道德思维［J］.道德与文明，2002（4）.

素。学校教育及辅导员老师作为其中的雕塑家，适应新形势发展要求，尊重每一位少先队员的主体地位，积极探索新形势下道德建设的特点和规律，在内容、形式、方法、手段、机制等方面努力改进和创新，开展道德思维培养，促其主动判断、正确选择，是需要研究的一项重要课题。

2013年，中国少年先锋队全国工作委员会（简称全国少工委）提出"要全面加强中小学少先队活动课程建设"。根据这一要求，少先队上海市工作委员会办公室也颁发了《关于推进上海少先队活动课程建设的通知》（沪少委办〔2013〕10号），要求"把少先队活动课程落实到教育部门课程文件和中小学课表上"。

2014年10月，少先队学科和活动课程建设研讨会提出："要努力构建少先队活动课程体系。少先队活动课程的主题要更加鲜明、目标要更加科学、内容要更加集中、特性要更加突出、元素要更加丰富……"

少先队活动课程建设尚处于起步和探索阶段，主题明确已成系列的优秀成果也比较少见。充分利用每周一课时的少先队活动，发挥少先队组织的阵地作用，开发、创新少先队活动课程内容，是少先队教育工作者亟待思考解决的问题。笔者在区域少先队活动课程建设中发现以下问题：一是少先队活动课程的实施方案缺乏整体建构，二是少先队活动课程的内容、路径和队性体现不足，三是辅导员对少先队活动课程的认知存在偏差，四是当前少先队活动课程教育内容的难点在"道德判断"的培养上。① 全国少工委《少先队活动课程指导纲要（试行）》有一项重要内容，即"养成道德好习惯"。分解这一指标内容，笔者的调研结果显示：14.89%的辅导员认为开展"学会平等沟通交流"活动最难，19.15%的辅导员认为开展"日行一善"活动最难，而选择开展"学会道德判断"活动最难的多达44.68%。难在哪呢？难就难在作为活动课设计主体之一的辅导员老师不知如何设计活动。

怎样培养人，辅导员队伍是关键。针对上述问题和辅导员们的困惑，笔者从2015年起，结合区域骨干少先队辅导员培训项目，以少先队活动课程的开发为主题，以"全面课程·校本特色"为理念，研训结合，经过三轮培训，编著《少先队活动课程创意设计》（上海辞书出版社出版），其间在星火学校、奉城二中、育贤小学、江山小学、惠敏学校等多所学校开展现场展示活动，积累了大量的实践案例。《道德思维加油站——社会主义核心价值观教育活动设计》初稿也由此孕育而生，前期参与研究的成员有：朱华丽、倪程佳、袁丹、顾蓓、

---

① 戴宏娟.奉贤区少先队活动课程建设的主要问题及对策——基于调查问卷的统计与分析 [J].辅导员，2017（1）：31.

曹敏、费益群、黄燕、顾群英、钱莉莉、寿小翠、张连花、黄洁、宋瑜、钟芝玉等。作为区域少先队活动共享课程，书稿正式形成前的使用过程中，笔者几易其稿，经历了试用本、彩印本等不断完善的过程，并新增了区域优秀少先队员的成长事迹和研究期间所著的八篇论文。如今终于付梓，在此对领导和老师们的厚爱和支持表示真挚的感谢。

2014年5月30日，中共中央总书记、国家主席、中央军委主席习近平在北京市海淀区民族小学座谈时提出"少年儿童要从小积极培育和践行社会主义核心价值观"的要求，强调少先队要"开展组织教育、自主教育、实践活动，更好为少年儿童培育和践行社会主义核心价值观服务"。少先队如何切实增强社会主义核心价值观教育的民族传承性、时代进步性、教育针对性、思想有效性，"让社会主义核心价值观成为引导少年儿童健康成长的星星火炬"呢？笔者在担任奉贤区教育学院少先队教研员时，以课题为引领，带领区域少先队辅导员骨干团队，先后主持开展了《以少先队活动课程为载体培养学生道德思维的实践研究》《社会主义核心价值观教育背景下培养少先队员道德思维的课程开发与研究》《社会主义核心价值观教育背景下少先队员道德思维现状及培养的策略研究》[①]，旨在通过开发有序列、有层次的区域少先队活动课程，运用思维训练，把道德生活中特殊的思维方式与少先队工作联系起来，解决少年儿童成长中的思想困惑，以促进他们知情意行协调发展，提升道德思维品质。比如，一位少先队员在"留存多年的长发"和"帮助小朋友快乐一些"的选择中，毅然在生日那天，"从头开始，为重症患儿捐发"，只为帮助那些因白血病治疗失去头发的孩子找回自信和微笑。

本书在试用过程中，也帮助区域辅导员老师解决了少先队活动课存在的问题，总结的不少实践经验和案例在《辅导员》《少先队研究》等专业杂志发表或市级以上征文中获奖，提高了老师们自身的少先队活动课程实施能力。2020年7月，参与本书研发的奉贤区育秀学校大队辅导员寿小翠还有幸作为成人代表参加了中国少年先锋队第八次全国代表大会。

本书的出版得到了奉贤区少工委、教育局、教育学院各级党政领导的亲自顾问，得到了上海市总辅导员赵国强、上海市少先队特级教师杨江丁和封惠平的专业指导。书中的"小

---

① "以少先队活动课程为载体培养学生道德思维的实践研究"，系上海市德尚骨干课题，编号DS2014GG008，2016年度获得"德尚"科研成果三等奖；"社会主义核心价值观教育背景下培养少先队员道德思维的课程开发与研究"，系上海市教委规划项目，编号C15008，2019年结题；"社会主义核心价值观教育背景下少先队员道德思维现状及培养的策略研究"，系上海市教卫系统思想政治工作研究会学校德育实践研究课题，编号2019-D-220，2020年结题。

言"、"小枫"和"蛋博士"的形象标识来自网络，"小贤"的标识是奉贤创建文明城区的卡通形象。爱国章、敬业章、诚信章和友善章的章目设计是在区少先队红理会的小理事商议基础上，由区骨干辅导员费益群(现任奉贤区光明学校德育干部)修改定稿。在此，一并对上述所有人员所做的贡献表示衷心的感谢。

由于水平有限，恳请所有关心、支持少先队事业的各界社会人士指出本书存在的差错和不足，也欢迎广大辅导员和少先队员在使用中提出宝贵意见。

戴宏娟

2020年10月9日写于上海

《道德思维加油站》课程开发的思考

　　思维是主体对实践对象的能动反映、自主反思和主体构建的心理性操作过程。道德思维是通过调动自我认识、自我体验和自我控制等因素增强自我评判意识，促进自律精神，从而实现自我教育的一种思维方式，从这个意义上说，道德思维契合少先队组织的自我教育。"少先队是建设社会主义和共产主义的预备队"，其根本任务之一是抓好少年儿童思想品德教育和精神素质培养。根据"德育活动课程化"工作思路，笔者尝试以社会主义核心价值观个人层面的价值准则为教育内容，以道德思维训练为教育手段，将原有零散、临时、应景的少先队活动加以整合，开发《道德思维加油站》课程，以求形成较为系统的、指向明确的、作用持续的涉及成长取向、信仰萌发、政治启蒙、组织意识等体现少先队特征的活动课程，供中小学辅导员老师在开展少先队活动时参考使用。

一、课程基本认识

1. 课程定位

　　本课程属于综合实践课程。具体来说，利用每周一课时的班团队活动，以道德生活中的矛盾和冲突为基点，对少先队员进行基本的辨析、推理、判断及选择等方面的道德思维训练，加强其道德认知，丰富其学习经历，引导少先队员在日常生活中积极践行社会主义核心价值观。

　　从课程形态来看，可以从课内延伸到课外，具有一定的开放性；从课程内容来看，既包含少先队知识的学习，又包含个人基本的道德准则践行，具有综合性；从学习方式来看，强调少先队员的实践、体验，放手锻炼少先队骨干的活动能力，具有自主性。

2. 课程目标

通过主题队会这一少先队特有的活动形式，链接队员的日常生活，在活动过程中训练他们初步的道德判断、道德推理、道德选择等方面的思维能力，强化已有的道德认知，激发道德情感，从而进一步锤炼队员们的道德意志，使队员们养成良好的道德行为习惯，并引导队员们德智体美劳全面发展，为实现中国梦做好全面准备。

二、课程开发原则

1. 体验性

以师生互动的方式，还原队员生活和成长过程中涉及道德冲突、矛盾及两难的生活情境，开展课堂教学或实践活动，增强队员的体验。

2. 整体性

课程体系的整体性主要体现在1～9年级义务教育阶段培养目标、课程结构、课程功能及课程实施等方面的序列性和系列性上。

3. 地域性

课程的研发注重地域性，注重发掘"在地资源"，传播"贤文化"，将奉贤的先进人物和优秀学子纳入本课程资源，以便少先队员更好地"见贤思齐"。

4. 趣味性

课程的研发注重文本的可读性，让辅导员老师和少先队员能够读、喜欢读，从而方便其自学和主动思考。

5. 主体性

课程研发中，无论是考评章的设计，还是各活动设计，均注重发挥少先队员的主体作用，引发思考，让其在积极思维的过程中真正从"心"出发，促进知行合一。

三、课程内容释义

党的十八大从公民个人的准则角度提出"爱国、敬业、诚信、友善"，这本身就是公民道德建设主题的核心要素。因此，本课程以此为教育内容，并根据《少先队活动课程指导纲要（试行）》对各年级的目标要求，依次在各年段重点开展相关主题活动。

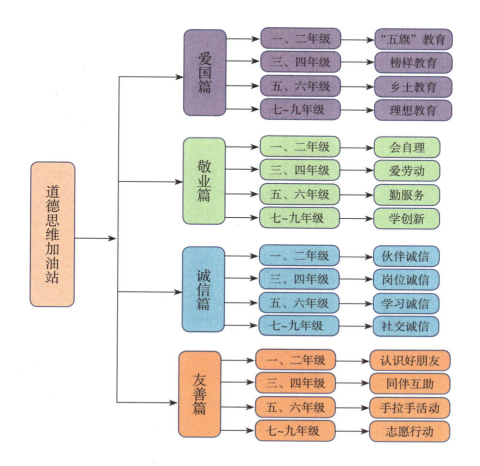

1. 诚信，立德之魂

"诚信"主题分为三个层次，"校园诚信"为小学中低年级关键词，着重引导小学队员在为人处世、学习文化过程中要诚信，如不抄作业、不作弊、不对老师和同伴撒谎等；而到了五、六年级小初衔接阶段，队员的校园诚信观念已基本确立，由此进一步拓展到对家人的诚信，这其实是从学校教育拓展到了家庭教育；七~九年级队员进入青春期，朋友圈更广，接触的社会面也更广，此时的"社交诚信"教育可以让队员在正式步入社会前就接受一些基本的社交理念。

2. "友善"，关爱他人

有了"诚信"这一基本的道德灵魂，我们的少先队员们还需要用富有感染力的生命去正面影响别人，为此"友善"应运而生。"认识好朋友"对于刚刚进入小学阶段的低年级少年儿童来说非常重要，有了好朋友，他们的学校生活会更丰富；手拉手活动倡导高年级队员去帮助低年级队员，这是在与熟悉的同龄伙伴友善交往基础上的进一步提升，即学会关心相对陌生或比自己年龄小的伙伴，培养关心弱小群体的意识。

3."敬业"，立身之本

如果说前两个主题侧重完善队员们的精神世界，那"敬业"则是引导其明白：没有立身之本，何以生存？小之，如何在同伴、师长面前展示自己；大之，将来如何在社会上生存？这主要强调的是做人品质与生存技能的完善。

"会自理"这一章让低年级小朋友从小养成良好的生活习惯，学会提高自己的生活自理能力；"爱劳动"是让小学中年级的少先队员学会基本的劳动技能，独立完成自己的劳动任务；而五、六年级的"岗位锻炼"，比如值日工作、职业体验等，则教会队员学会奉献、服务和与人交往，呈现出自身良好的品质；随着学业负担日益加重，科学有效地学习文化对七~九年级队员来说也是最基本的责任，面对有时青春期易犯的冲动行事，一方面认真学习文化知识，一方面接受必要的法律熏陶很重要，如交通安全法、文明上网等，都事关队员们的切身利益。

4."爱国"，最高境界

"五旗"教育侧重图文并茂、形象生动，让低龄队员们心中的爱国种子萌发嫩芽；榜样教育让中年级队员带着心中的爱国萌芽去发现身边的正能量，让他们感受"爱国"不是"高大空"；乡土教育则通过实践寻访家乡的红色足迹，体验和接受更直观感性的红色教育；党是先锋队，团是突击队，少先队是预备队。到了七、八年级，少先队员的信仰教育应从热爱少先队进一步升华为向往共青团，这是优秀少先队员应积极追求的精神世界。本课程适当加入党史内容，由此形成比较完整的团（儿童团）、队、团、党四级教育，而这四级组织构成一个共产主义接班人一生血脉相传的精神支撑。

四、课程实施建议

1.活动过程要注重队员的思维特点

按照各年龄段少年儿童的思维特点，建议本课程实施中结合具体生动的人物和事件，帮助少先队员选择与自己的年龄层次、认知水平相接近、相适应，"看得见、摸得着、听得懂、记得住"的内容，活动过程中注重形象化、榜样化、情感化、行动化因素，以求达到最佳的教育效果。

（1）小学一至二年级的少先队员以形象思维为主，因而课程可以增加形象化的因素，借助具体、生动的形象、标志、图片、数字等在他们头脑中留下深刻的印象。

（2）小学三至四年级的少先队员，抽象思维能力开始发展，开始自己观察和思考社会现象，但思想和行为的从众性还较强，思维与认知能力的发展需要良好的榜样示范。可以增强榜样化因素，从爱党的先锋模范人物出发，引导他们学模范，初步形成积极向上的偶像观。

（3）五至六年级的少先队员可塑性强、敏感，他们的情绪情感日益丰富，在学习成败、人际交往及在集体中的地位等方面的情感体验比以往要深刻、稳定得多。可以增强情感化因素，通过寻找新变化、新气象，创设感人至深的故事情境引导他们思索和感悟。

（4）初中七至九年级阶段的少先队员，逻辑思维明显发展，思维的独立性、对集体和社会的情感需求呈上升趋势，日益关心国家大事，思想和行为日趋定型，此时可以增强行动化因素，开展讨论、辩论、课本剧表演及社会实践等活动，引导其在行动中思辨，在思辨中践行。

2. 活动形式要注意思维训练与生活情境的有机结合

课程实施中要注重挖掘队员身边真实的或实际发生的道德冲突问题，社会关注并争论的热点、焦点问题，真实可信的矛盾冲突问题，以两难故事为基本材料，诱发他们的认知冲突和意见分歧，在问题判断、讨论和解决中，促进他们道德思维的发展。

（1）活动环节。可以立足主题队会，兼具其他形式，参考"小言告诉你""小枫考考你""小贤带你游"和"蛋博士的话"四个环节，将活动过程与少先队员的日常生活相连接。

（2）活动方法。运用视界融合、情境体验、争论辩驳、心灵碰撞和倾听思辨等多种活动方法，达成有价值的深度对话，让少先队活动课更"走心"。

（3）活动重点。多运用和挖掘少先队员普遍关注的国家大事、社会现象和身边小事中蕴含的道德两难的故事，客观分析，帮助队员形成正确的认识和判断。

3. 活动内容要注重价值观教育16字要求

（1）记住要求，即把社会主义核心价值观的基本内容熟记熟背，让它们融化在心里、铭刻在脑中。

（2）心有榜样，即学习英雄人物、先进人物、美好事物，在学习中追求好的思想品德。

（3）从小做起，即从自己做起、从身边做起、从小事做起，一点一滴积累，养成好思想、好品德。

（4）接受帮助，即听得进意见，受得了批评，在知错就改、越改越好的氛围中健康成长。

以社会主义核心价值观为主题教育内容，充分发挥少先队组织的阵地作用，开发、创新少先队活动课程内容，发展少先队员的道德思维，提高他们的道德选择、道德判断、道德分析能力，对于中国特色社会主义事业后继有人，具有重要的实践意义和理论价值。对于如何进一步抓住道德思维的本质特征，引导青少年儿童推理道德现象、甄别社会问题、内化伦理道德，教会青少年儿童做出正确的选择，支撑起民族脊梁，家庭教育氛围、社会环境营造和学校德育工作的影响都非常大。从这个意义上说，培养训练青少年道德思维的实践和研究范围将进一步扩大，且永不会停止。

戴宏娟

2020年10月

目 录

课程导读

道德思维 *加油站*
——社会主义核心价值观教育活动设计

亲爱的小伙伴们，我们是小言、小枫、小贤和蛋博士。少先队是建设社会主义和共产主义的预备队，也是少年儿童学习中国特色社会主义和共产主义的大学校。在这所大学校，我们增设了"道德思维"这个加油站，陪大家一起立志向、修品行、练本领，希望大家通过聆听、交流和分享等活动，学习、实践、思考和感悟，把社会主义核心价值观作为我们成长的能量，德智体美劳全面发展，成长为未来担当起民族复兴大任的新时代好队员！

一、人物介绍

我是小言，知性明理，爱好读书，知道很多古今中外有趣的故事。

我是小枫，博学多才，喜欢思考，面对问题喜欢一探究竟。

我是小贤，文明有礼，阅历深厚，喜欢外出探究，坚信"实践出真知。"

我是蛋博士，知识渊博，擅长用科学的眼光看待问题，分析问题直观而尖锐。

二、评价章说明

设计以造型简洁、色彩鲜艳、主题鲜明为宗旨。为凸显区域特色，本课程的评价章参考奉贤地方特色和特产——"土布""滚灯""蜜梨"与"菜花"的外形，以彰显评价内涵的图案为主体，以"中国红""科技蓝""生命绿""阳光橙"为章目颜色，寓意少年儿童的朝气蓬勃和多彩的幸福生活。

爱国篇

篇章导读

　　"爱国"是公民最基本的品质，也是做人的最高境界。中国有悠久的历史，有灿烂的民族文化。然而，1949年前的一百多年里，中国饱受封闭、贫穷和炮火侵袭之苦，是中国共产党的领导，让我们的祖国一步步走向繁荣富强，让我们每一个中国人为祖国的强大感到骄傲和自豪。在这一篇，我们共有四章的活动内容，隐含团（儿童团）、队、团（共青团）、党四级教育，鲜明树立起将团的各项工作延伸至少年儿童的意识，不负共青团"党的助手和后备军"的光荣称号，推动落实党团队一体化建设。

　　第一章"五旗"教育。该章以图为主，主要活动对象是1~2年级的儿童团团员，通过形象生动的图文演示、图文并茂的故事再现，让儿童团团员心中的爱国种子萌发嫩芽。

　　第二章"榜样教育"。该章主要目的是让3~4年级的少先队员带着心中的爱国萌芽去发现身边的正能量，让他们感受"爱国"不是"高大空"，爱国体现在实际行动中。

　　第三章"乡土教育"。该章主要目的是让5~6年级的少先队员探寻红色足迹，通过实践，寻访更直观的、具有悠久历史的家乡和传统文化，激发他们的感性认识，热爱脚下那一片美丽的土地。

　　第四章"理想教育"。该章主要是让7~9年级的少先队员从热爱少先队进一步升华为向往共青团，这是优秀少先队员应积极追求的精神世界，其中也适当加入一些党史教育。

　　以上四个篇章将通过面对升旗要不要溜进教室、红领巾怎么维护、先锋怎么学、山歌剧要不要学唱等讨论辨析活动，进一步帮助队员们厘清思想认识，激励少先队员不负韶华，勇于追梦，成为新时代社会主义接班人。

　　中国惟有国魂是最可宝贵的。惟有他发扬起来，中国人才真有进步。

——鲁迅

第一章

高举飘扬的光辉旗帜

第一节 "五旗"飘飘我知晓

小言告诉你 小朋友，升旗仪式时你一定会看到五星红旗高高飘扬，参加少先队活动时你一定会在队旗的指引下昂首向前。在我们国家有五面具有特殊含义的旗帜，统称为"五旗"，分别是：国旗、党旗、军旗、团旗、队旗。了解"五旗"能让我们更好地了解我们的国家。

故事链接

为了祖国的荣誉

1957年，世界青年友谊运动会在莫斯科举行，我国一位举重选手在最轻量级比赛中，两次试举均未成功，这时他看到苏联工作人员已经将一面苏联国旗挂上了旗杆，准备宣布比赛结果后升旗。这一场景深深地刺痛了他的心，他决心为五星红旗再搏一次，这次杠铃被加到了133公斤，而他竟一举成功，苏联国旗被取下了，五星红旗在赛场上空冉冉升起……

蛋博士的话

爱国主义是中华民族民族精神最稳定的文化基因。经过数千年的沉淀，特别是近百年来反帝自强斗争的洗礼，爱国主义已然内化为中华民族民族精神的核心，构成了实现中国梦的精神支柱。国旗代表着我们伟大的祖国。在重大赛事中，看着五星红旗冉冉升起，我们心中的自豪感便会油然而生。

★ **拼一拼**

小枫考考你

动动你的手，来拼一拼"五旗"，请将下列标志摆入相应的旗帜中。

国旗　　　　　　党旗　　　　　　军旗

团旗　　　　　　队旗

★ 说一说

拼出了"五旗"，你心中对它们已有了正确的认识，恭喜你哦！不过，你能说说它们所包含的元素和象征意义吗？

"国旗"由＿＿＿＿＿＿＿＿组成，它表示＿＿＿＿＿＿＿＿＿。

"党旗"由＿＿＿＿＿＿＿＿组成，它表示＿＿＿＿＿＿＿＿＿。

"军旗"由＿＿＿＿＿＿＿＿组成，它表示＿＿＿＿＿＿＿＿＿。

"团旗"由＿＿＿＿＿＿＿＿组成，它表示＿＿＿＿＿＿＿＿＿。

"队旗"由＿＿＿＿＿＿＿＿组成，它表示＿＿＿＿＿＿＿＿＿。

★ 评一评

给自己的表现点一下" 👍 "吧，也邀请你的小伙伴对你进行评价，不管成绩如何，都是我们努力的结果哦，加油！

自评点 👍 区

我自己的话：＿＿＿＿＿＿＿＿＿＿＿＿＿＿＿＿＿＿

互评点 区

小伙伴的话：_____

_____

_____

_____

_____

_____

_____

第二节 "五旗"飘飘我捍卫

作为我们国家各相关组织的标志，"五旗"会在不同的场合出现，它们的出现也显示了特定的含义。面对"五旗"，我们要懂得其象征的含义，也要以自己的行动尊重、捍卫"五旗"。

故事链接

为什么不挂中国国旗

我国的老革命家吴玉章，年轻的时候到日本留学。1904年元旦那天，学校把世界各国的国旗都挂出来庆贺，却唯独没挂中国国旗。吴玉章气愤极了，组织所有中国学生找到校方负责人，提出抗议："必须立即向中国留学生道歉并纠正错误，悬挂中国国旗，否则全校中国留学生就会罢课和绝食，以示抗议！"校方对此冷嘲热讽，并威胁道："我们很同情你中国的家庭经济困难，还看重你学习成绩优秀，不催你缴学费，你为什么忘恩负义，带头反对学校？为这种小事来找学校的麻烦，难道你不怕失学吗？"

吴玉章很严肃地说："学校对我的关照，这一点我很感激！但今天的事情不是一件小事，挂不挂中国的国旗是一件关系我们国家荣辱的大事，我宁可失去求学的机会，也不能看到我国的尊严受到侵犯。"在吴玉章和其他中国留学生的坚持下，日本校方迫于无奈，道歉并悬挂了中国国旗。

10年后，吴玉章接受同盟会的派遣秘密赴日本，他乘坐的是一艘日本客轮。正好赶上1914年元旦，船上挂起万国旗庆贺，可仍然没挂中国国旗。吴玉章记起10年前的那件事，痛心地想：祖国贫弱，政府无能，被外国人瞧不起，挂国旗也想不到中国！他毫不犹豫地在船上组织中国同胞向船长提出抗议。日本船长很傲慢地说："这么多年了，我们的客轮一直是这样安排的呀。"吴玉章克制住心底的愤怒，严肃地大声说："不行！绝不能永远这样，今天你们的轮船必须要把中国的国旗挂起来，中国绝不会永远这样贫弱！"

船长看到吴玉章这般大义凛然，又看到船上愤怒的中国人，只好答应挂上中国国旗。看着轮船上高高悬挂的中国国旗，吴玉章和所有的中国同胞脸上浮现出胜利的笑容……

★ 说一说

在我们周围，你一定看到过"五旗"，说一说，你是在什么地方看到的，看到了什么旗，人们是如何表现的。

我在_____的时候，看到_____，大家_____。

★ 议一议

"五旗"神圣而不容侵犯，但总有些人缺乏对"五旗"的了解和尊重，做出让人气愤的事，请你将看到的一些陋习拍下来，与队员们议一议。

这些人真不应该，_____，_____，_____。

蛋博士的话

不要因为觉得事情小而忽视，尊重"五旗"就是尊重我们的国家，是一个人爱国的真实体现，我们应该对以上行为说"No"。

★ 情景再现

清晨上学比平时晚了。一进校园，就听到主持人说"升国旗、奏国歌"。是跑着快速进教室，还是面对国旗原地肃立？如果原地肃立的话，会让所有人发现你迟到了。你会如何做呢？

我会_____

_____

_____

_____

_____

★ **定一定**

作为国家未来的主人，我们要捍卫"五旗"的尊严，用自己的行动来保护"五旗"。请结合自己的实际情况，与父母、老师和伙伴们一起制订"'五旗'飘飘我捍卫"行动计划吧，并努力将其作为自己的行动指南。

"五旗"飘飘我捍卫

我的行动计划：_____

_____

_____

行动见证人（签名）：_____

★ **评一评**

通过本次活动的学习，希望大家增加对"五旗"的了解，更加热爱我们的祖国，知道如何用实际行动来捍卫我们国家的尊严。一起为你的学习情况评评分吧。

评价内容	自评（★★）	小队长评价（★★）	辅导员评价（★★）	总★数
参与活动情况				
各项体验活动完成情况				

★ 争一争

我们为大家准备了"爱国章"，一起根据争章要求来看看自己的表现吧。

（1）能正确拼出"五旗"。

（2）能说出"五旗"的名称、构成元素及所表示的含义。

（3）能口头表述面对"五旗"时的正确表现。

（4）制订好"'五旗'飘飘我捍卫"行动计划，并能付诸行动。

（5）在"评一评"的两个栏目中分别获得5星及以上。

第三节 "领巾"飘扬我爱护

★ **观看少先队队史影片**

《飘扬的红领巾》

★ **想一想**

红领巾是少先队员的标志，看完了影片，你想对红领巾说些什么呢？

红领巾，我想对你说：＿＿＿＿＿＿＿＿＿＿＿＿＿＿＿＿＿＿＿＿

＿＿＿＿＿＿＿＿＿＿＿＿＿＿＿＿＿＿＿＿＿＿＿＿＿＿＿＿＿＿＿＿

＿＿＿＿＿＿＿＿＿＿＿＿＿＿＿＿＿＿＿＿＿＿＿＿＿＿＿＿＿＿＿＿

🔩 故事链接

1922年2月13日，世界上第一个由工人阶级政党领导的少先队组织，在苏联莫斯科诞生了。刚成立的少先队，没有特殊的标志。那时的饥饿、困难正威胁着全苏联人民，他们未考虑到少先队的标志问题。列宁的夫人克鲁普斯卡娅十分关心下一代的成长，建议共青团给少先队员设计一种标志。在一次接收新队员的大会上，来参加会议的先进女工把自己的红色三角头巾解下来系在少先队员的脖子上，勉励他们："戴着它，别玷污了它！它的颜色是同革命战旗一样的！"红领巾就这样诞生了。

20世纪20年代，省港大罢工和五卅惨案时期，一群流浪街头的苦孩子在党组织的帮助下，成长为光荣的劳动童子团团员，在革命斗争中艰难成长起来。红领巾不仅仅代表红旗一角、烈士的鲜血，更是一个时代的象征，象征着少年先锋队的前身——劳动童子团在艰苦的环境中将一腔热情投入革命事业，经历了血与火的考验，这就是红领巾的由来。

★ 说一说

你还记得第一次戴上红领巾是什么心情吗？你还记得你和红领巾之间发生过什么故事吗？请以小组为单位，相互讨论并交流。

蛋博士的话

红领巾象征着无数先烈用生命和鲜血染红的红旗一角，是少先队员的政治标志，是少先队组织形象的重要体现。红领巾是有生命的。我们要尊重红领巾，珍爱红领巾，像爱护生命一样爱护红领巾。

小枫考考你

体育课自由活动时，小伙伴们聚在一起，有人提议玩"两人三足"的游戏。当大家玩得正起劲时，绑带却断了，游戏被迫中止。正当大家觉得扫兴时，小钟似乎想到了一个好主意。他一把解下自己的红领巾，高兴地喊道："我有办法啦！把红领巾当作绑带扎在腿上不就好了！"有的队员对小钟的办法拍手叫好，但小林却强烈反对："红领巾是队员的标志，我们应该尊敬它，怎能绑在腿上呢？"

面对小林坚决的态度，有的队员说："小钟想到妙招，运用有限的材料让游戏顺利进行，真是急中生智。"有的队员说："小林说得很有道理，把红领巾绑在腿上作为游戏的道具，那是对红领巾的不尊重。"

如果是你，会赞成谁的观点呢？请说说你的理由。

我为领巾添光彩

请队员们利用"十一"国庆或者寒暑假，开展"带着领巾去旅行，争当幸福好队员"的旅行活动，与祖国各地的大好河山合影，写下自己的心得体会。

★ 晒一晒

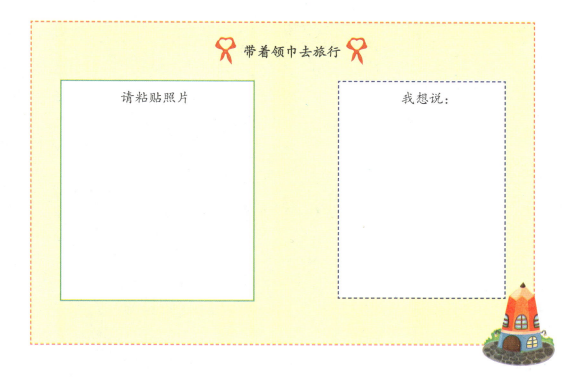

带着领巾去旅行

请粘贴照片

我想说：

第二章

学习争当新时代先锋

第一节　领巾携手找先锋

"先锋"是行军或作战时的先遣将领或先头部队，现在比喻在事业中起先头引导作用的人或集体。我们少先队全称为"中国少年先锋队"，习近平总书记在致中国少年先锋队建队70周年的贺信中指出，新时代少先队员要"从小学先锋、长大做先锋"，这蕴含着习近平总书记和祖国对我们的殷切希望。

故事链接

　2020年9月8日上午，在北京人民大会堂，国家隆重表彰了"共和国勋章"获得者钟南山，"人民英雄"国家荣誉称号获得者张伯礼、张定宇、陈薇，以及其他先进个人、先进集体、全国优秀共产党员和基层党组织。你能说说钟南山、陈薇等人的故事吗？

蛋博士的话

一个有希望的民族不能没有英雄，一个有前途的国家不能没有先锋。

小枫考考你

★ 谈一谈

什么叫"先锋"，哪些人能成为大家的"先锋榜样"？

先锋：＿＿＿＿＿＿＿＿＿＿＿＿＿＿＿＿＿＿＿

＿＿＿＿＿＿＿＿＿＿＿＿＿＿＿＿＿＿＿＿＿＿＿

我知道的"先锋榜样"人物有＿＿＿＿＿＿＿＿＿＿

＿＿＿＿＿＿＿＿＿＿＿＿＿＿＿＿＿＿＿＿＿＿＿

＿＿＿＿＿＿＿＿＿＿＿＿＿＿＿＿＿＿＿＿＿＿＿

★ 夸一夸

你的身边一定有值得我们学习的好榜样，将他（她）的事迹与小伙伴们一起分享吧：

＿＿＿＿＿＿＿＿＿＿＿＿＿＿＿＿＿＿＿＿＿＿＿＿＿＿＿＿＿

＿＿＿＿＿＿＿＿＿＿＿＿＿＿＿＿＿＿＿＿＿＿＿＿＿＿＿＿＿

＿＿＿＿＿＿＿＿＿＿＿＿＿＿＿＿＿＿＿＿＿＿＿＿＿＿＿＿＿

小贤带你游

★ 访一访

在我们身边有很多优秀共产党员，让我们当一回小记者，采访一下他们中的代表吧。

_____年_____月_____日，我们采访了

队员签名：_____

受访者签名：_____

★ **评一评**

给自己的表现点一下" 😉 "吧，也邀请你的小伙伴对你进行评价，不管成绩如何，都是我们努力的结果哦，加油！

自评点 👍 区

我自己的话：_____

_____

_____

互评点 👍 区

小伙伴的话：_____

_____

_____

第二节　争做时代小先锋

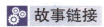

每个时代都赋予"先锋"不同的含义。我们少年儿童如何才能成为时代小先锋呢？不妨学学身边的小伙伴，为自己定下目标。

故事链接

成都"奔跑女孩"路玉婷

　　路玉婷是成都树德实验中学大家公认的孝顺女儿。在玉婷很小的时候，爸爸去外省打工，妈妈靠给客户送机票维持生计。玉婷早早地分担了照顾家庭的责任。一次，妈妈接到五岁的玉婷打来的电话，问米怎么煮。妈妈以为玉婷是在"过家家"，回家一看，在家钻研做饭的玉婷将米放进油里"煮"了……玉婷一天天长大，懂事乐观的她操持了更多家务，还给腿脚不便的外婆洗澡、剪指甲，逗妈妈开心。

　　常年在外奔波，让妈妈患上了严重的肾病。玉婷精打细算，每次医院开了药她都不在医院取，而是骑车到各个药店货比三家。2011年冬天，妈妈被诊断为尿毒症，为了维持生活，一到课余，玉婷就骑上自行车替妈妈送机票，如果碰到客户吃饭去了，玉婷就边等边复习功课，面包加白开水就是一顿午餐。妈妈去做透析时，玉婷回家后的第一件事就是做饭，蒸妈妈最喜欢的馒头。

　　看到女儿这样辛苦，妈妈很心疼，她不愿拖累女儿，想放弃治疗。玉婷哭着劝说："妈妈在，才是我最大的幸福。"之后，她继续每天一个人奔跑在医院、街道、学校之间。

　　感人的孝行，让路玉婷当选"2012温暖中国·十大好人"。她说："晚辈孝敬长辈是应该的，妈妈平时一直这样照顾着患有高血压、心脏病的外婆，几十年如一日。"

蛋博士的话

妈妈的言传身教激励着路玉婷发扬乐观精神，奔跑在医院、街道、学校之间照顾好家人。玉婷是我们少先队员的榜样。她的故事告诉我们，"先锋"不一定要做轰轰烈烈的大事，做一个有爱心、孝心的新时代少年，力所能及地为身边的人服务，也是一种当代"小先锋"的体现。

★ 说一说

你一定知道不少当代"小先锋"的故事，请你选择一个人物，将他（她）的事迹介绍给同学、老师或家人。

小枫考考你

小先锋事迹：＿＿＿＿＿＿＿＿＿＿＿＿＿＿＿＿＿＿＿＿

＿＿＿＿＿＿＿＿＿＿＿＿＿＿＿＿＿＿＿＿＿＿＿＿＿＿＿＿

＿＿＿＿＿＿＿＿＿＿＿＿＿＿＿＿＿＿＿＿＿＿＿＿＿＿＿＿

＿＿＿＿＿＿＿＿＿＿＿＿＿＿＿＿＿＿＿＿＿＿＿＿＿＿＿＿

★ 选一选

"奔跑女孩"路玉婷放弃了自己休息、游戏的时间照顾着妈妈和奶奶。生活中我们也会跟她一样面临抉择，有所取舍和兼顾。对于以下情况，你会做出怎样的选择呢？

小队联系了社区的李爷爷作为结对对象，每个月的最后一个周六，你作为小队长，都会组织队员们去李爷爷家服务。这个月的周六正好是你的生日，父母计划带你去你最喜欢的海底世界玩，并为你准备了生日宴，你将如何处理时间上的矛盾呢？

队员们的建议：

（1）难得生日在周末，当然要好好庆祝一下，活动那么丰富，李爷爷家肯定去不了了，不如通知队员和李爷爷活动改期。

（2）李爷爷已经等了一个月了，他一定非常期待我们的活动，不应该让李爷爷失望，我们不能"毁约"。

（3）队员照常去李爷爷家开展活动，队长享受"生日待遇"，毕竟生日一年只有一次。

……

你最终的选择是什么呢？不管什么答案，都没有绝对的"对"与"错"，不妨将你的真实想法提出来。

我会_____

_____

_____

_____

_____

★ **定一定**

要做"先锋"，不仅需要学会在多种利益面前正确取舍，而且要有明确的目标，知道如何做。从现在开始，为自己制订一个目标，向着目标不断努力，不久你就能成为大家心目中的"小先锋"，加油哦！

争当"先锋"，从现在开始

我的行动计划：_____

_____

_____

_____

行动见证人（签名）：_____

★ 评一评

给自己的表现点一下"😉"吧，也邀请你的小伙伴对你进行评价，不管成绩如何，都是我们努力的结果哦，加油！

■————————— 自评点 😉 区 ■

我自己的话：_____

_____

_____

■————————— 互评点 😉 区 ■

小伙伴的话：_____

_____

_____

第三节　你追我赶当先锋

"我们是共产主义接班人，继承革命先辈的光荣传统，爱祖国，爱人民，鲜艳的红领巾飘扬在前胸⋯⋯"嘹亮的队歌唱出了我们肩负的责任，我们要学习"先锋"，争当"先锋"，用自己的行动为领巾添光彩，用自己的行动继承发扬我们先辈们的光荣传统。

★ 故事分享

我的"先锋"实践体验故事

_____

_____

_____

_____

_____

_____

★ 选一选

你实现了目标中的哪些任务，遭遇了哪些困难，与我们分享一下吧。

我的行动：_____

_____

_____

_____

当事人（签名）：_____

★ 评一评

榜样的力量是无穷的，希望通过学习、体验，你也能成为大家心目中的"先锋榜样"，一起来为你的学习情况评评分吧。

评价内容	自评（★★）	小队长评价（★★）	辅导员评价（★★）	总★数
参与活动情况				
各项体验活动完成情况				

★ 争一争

了解"先锋"，争当"先锋榜样"，这是一种爱国情怀，我们为大家准备了"爱国章"，看看自己的表现吧。

争章要求：

（1）理解"先锋"的含义，采访一位身边的"先锋"人物。

（2）能介绍一个当代"小先锋"的优秀事迹。

（3）制订"学先锋"行动计划，并付诸行动，受到大家的好评。

（4）在"评一评"的两个栏目中分别获得5星及以上。

第三章

悠悠少年爱我"贤文化"

第一节 爱我贤城 知我乡土

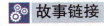 我们脚下的这片乡土——奉贤撤县建区之前的地貌，你知道吗？你知道奉贤名字的由来吗？你知道如今它由几个街道、乡镇组成吗？

⚙ **故事链接**

"邑人奉仰"的贤人故事

2500多年前，一位身着长袍的老人坐着吱吱呀呀的牛车，来到一处蛮荒之地，着急往家赶路的他原本不想逗留，是渔夫的淳朴、善良以及渴求学问的目光留住了他，这个老人就是孔子的得意门生言偃。他掸去了一路风尘，开始为当地的百姓讲学，他不但教授人们学习文字，更以儒学的礼仪教人育德，为奉贤当地人的精神世界打开了一扇窗，开启了吴越之地的先河。孔子曾云："吾门有偃，吾道其南。"意思是我门下有了言偃，我的学说才得以在南方传播。

言偃（前506—？），字子游，吴国人。以文学见称，明于习礼。曾仕鲁，为武城宰，倡以礼乐教民。

蛋博士的话

奉贤人民对知识的渴求，对教育的重视由来已久。奉贤人民的善良和淳朴留住了贤人的脚步，蛮荒之地变成了礼仪之城！

小枫考考你

奉贤是著名的桥乡。我还知道很多带"桥"字的乡镇，如南桥、_____、_____、_____、_____等。奉贤共有_____余座古桥，我能说出_____、_____、_____、_____等。

继芳桥的变迁

小贤带你游

如果想要实地阅读奉贤的历史，不如去走走奉贤的桥。

千百年来，勤劳智慧的奉贤人民用自己的双手修建了130余座古桥，为子孙后代留下了无数的财富。座座古桥，默默诉说着奉贤往昔岁月的沧桑和悠远……队员们，跟小贤一起去游一游，体会一下古桥的魅力吧！

继芳桥，俗称"糖桥"，位于青村镇东街。始建于明万历六年（1578）。工艺独特，为奉贤区石拱桥之冠。

1978年，继芳桥被泥土填没。2005年春，奉贤区人民政府花费巨资将古桥挖掘移建于青村镇西市河上，工程于2005年12月15日竣工，拥有400余年历史的古桥终于重焕光彩。

★ 说一说

队员们，21世纪的交通如此发达，为什么政府还要花费巨大的人力、物力去修缮古桥呢？

我认为，_____

_____

_____

★ 议一议

古桥是需要大家共同保护的，但有两个胆大的窃贼，居然打起了一座古桥主意，这究竟是怎么回事呢？

奉贤金海社区陈谊村有一座丰乐桥，建于"大清光绪十三年"（1887）。2011年9月，这座古桥居然不翼而飞，河道两旁只剩下光秃秃的两个桥墩。

通过警方的全力追查，从苏州追回了被盗的古桥，抓获了两名犯罪嫌疑人。据犯罪嫌疑人洪某交代，9月的时候，经另一名犯罪嫌疑人王某介绍，以3万元的价格将古桥收购，并与王某一起当场拆卸古桥。

然而，就在他们肆意拆卸古桥的时候，一位路人起了疑心，当即抄下了装运古桥的货车车牌号。

通过这个车牌号，警方一路勘查，最终将两名犯罪嫌疑人一举抓获，并将整座石桥16块花岗石桥面、桥墩，从苏州追回。据悉，被盗石桥丰乐桥建于1907年，是一座三跨双拼平梁桥，属国家文物。

由于古桥在偷盗途中遭遇分拆，并出现部分损毁，相关部门正计划对古桥进行修复重建。

我想说，_____

_____

_____

★ 想一想

　　古桥是奉贤的宝贵文化财富，作为一名贤少年，我们该怎样用自己的行动来保护、爱护它们呢？怎样带动父母长辈、老师及身边的同学们，一起为保护古桥出一份力呢？请设计一份倡议书。

我的倡议书

_____

_____

_____

_____

_____

倡议人（签名）：_____

_____年_____月_____日

第二节　敬我贤城　学我红史

（1）队员们，你们知道奉贤有位叫李主一（1892—1928）的革命烈士吗？你们知道他的革命事迹吗？

（2）你们知道李主一烈士纪念碑（1980年重建，见下图）坐落于奉贤的哪个学校吗？

🔧 故事链接

　　李主一，奉贤区洪庙人，1925年加入中国共产党，与刘晓等同志创办奉贤区曙光中学，1928年6月21日在龙华壮烈牺牲，时年37岁。1957年5月，在曙光中学校园内始建李主一烈士纪念碑，"文化大革命"期间被捣毁。1980年1月，重建纪念碑，碑上刻有时任故宫博物院院长吴仲超题词的"李主一烈士不朽""死得其所"字样，碑座正中刻有碑文。2011年9月，曙光中学搬迁至新校区，纪念碑也一同迁入，校区内专门辟出15亩土地作为李主一烈士纪念馆、纪念广场用地，原来的纪念碑也被更亲切的烈士雕像所替代。

蛋博士的话

曾经，有这样一群人，在奉贤的土地上抛头颅、洒热血。他们并肩作战，他们疾恶如仇，他们视死如归，他们永垂不朽！作为一名奉贤人，我们以他们为荣！

小贤带你游

有这样一座庭院，它坐落在上海市奉贤区奉城第一小学：它有朝南双大开间兼西厢房；它陈列着奉贤革命先烈的丰功伟绩；它历经近百年沧桑却依然精神矍铄，如同一位和蔼可亲的老者……

它就是中共奉贤县（现奉贤区）旧址，见下图。

1927年8月，共产党员李主一、刘晓等在这里创建曙光中学，以教员身份为掩护，成立党支部，开展革命活动。同年秋，成立中共奉贤县委，刘晓任书记，李主一任组织部长，方厚生任宣传部长，刘德超任军事部长。中共八七会议后，这里成了当时浦东地区的革命中心。中华人民共和国成立后几经修缮，1983年11月，被列为县文物保护单位。

★ **说一说**

庄行，除了有名满天下的菜花节、剪纸、羊肉外，还是有名的红色革命史地。革命先驱陈云、刘晓、唐一新等伟人在这里组织庄行农民暴动，留下了永不磨灭的足迹。队员们，你还知道哪几位奉贤的革命先烈？说说他们的故事对你心灵的触动吧！庄行暴动烈士纪念碑如下图所示。

★ 议一议

革命先烈在恶劣的条件下，不顾个人安危，抛头颅、洒热血，为的是革命成功，为的是家乡百姓的幸福生活。如今的生活条件这么好，我们还需要像他们一样为了革命事业献出自己宝贵的生命吗？

我认为，_____

_____

_____

_____

_____

_____

_____

★ 评一评

队员们，学习了奉贤的"贤文化"，大家一定会更加了解和热爱我们的家乡，一起来为你的学习情况打个分吧！

评价内容	自评（★★）	小队长评价（★★）	辅导员评价（★★）	总★数
参与活动情况				
各项体验活动完成情况				

★ 争一争

跟小贤在奉贤兜了一圈，知晓了贤城、贤人、贤文化及奉贤的红色史迹，队员们一定更加喜欢和热爱我们奉贤了吧！这是一种爱国、爱家乡的情怀，我们为大家准备了"爱国章"，来看看自己的表现吧。争章要求如下：

（1）能参与小队寻访活动。

（2）讲一则红色革命故事。

（3）完成一份寻访探究小报。

（4）在"评一评"的两个栏目中分别获得5星及以上。

第三节　赞我贤城　传我文化

故事链接

奉贤之"世界之最"——傍傣话

复旦大学人类学系李辉教授历经14年研究得出：上海奉贤傍傣话为全世界7000多种语言中元音最多的语言，可谓"语言大熊猫"。在元音多样性分布方面，日耳曼语区和中国吴语区是两个"高原地区"；其中，世界上元音数量最多的语言是上海奉贤金汇镇的方言，共有20个。这个发现，推翻了此前西方学者认定的"丹麦语和瑞典语（有16个元音）是世界上元音最多的语言"的结论。

★ 说一说

队员们，生活在元音之最的奉贤，你和你们身边的人，如家人、同学、老师、邻居等，平时用普通话还是奉贤话呢？为什么？

我认为，_____

_____

_____

蛋博士的话

语言不仅是人际交流的工具，更是文化传承的载体。拥有世界上最多元音的上海奉贤话是珍贵的"语言标本"，需要好好保护。作为一名土生土长的奉贤人或者新奉贤人，不仅要引以为豪，更应尽己所能地将这"世界之最"原汁原味地传承下去！

★ **学一学**

我——（挪）

你——（萨奴）

近视眼——（马西）

厉害——（萨刘）

傍晚——（啊呀夸）

★ **选一选**

20世纪50年代以前，奉贤和周边乡间非常流行用奉贤话唱"田山歌"，田间劳动时，唱能解闷；夏夜纳凉时，唱可自娱。"田山歌"群众基础极为深厚，慢慢地演变成了上海三大剧种之一，你知道是哪一种吗？

A. 沪剧　　　　　　B. 滑稽戏　　　　　　C. 山歌剧

蛋博士的话　　奉贤区是著名的"民歌之乡"，演唱各类长短山歌源远流长，形成东乡山歌和西乡山歌两大体系。"山歌"也被称为"车歌"，意思是"踏车山歌"，又叫"免心焦"。奉贤山歌剧是由流行民间的山歌发展演变而成的上海本土新剧种，是继沪剧、滑稽戏之后发源于上海本土的第三大剧种，被戏称为上海地方戏的"独养囡"，现已是上海市非物质文化遗产特色项目。

★ **说一说**

队员们，假如学校设立了山歌剧社团，你会考虑参加吗？为什么？

我认为，_____

_____

_____

近几年来，南桥镇人民政府、南桥镇文化中心的领导非常重视山歌剧，扶持了一大批热爱这个剧种的山歌剧传承人，在南桥镇等地方设立了山歌剧培训基地。山歌剧是奉贤的特产，有一种奉贤的味道，你听……

★ 地点链接

江海街道第三居委会、第五居委会：江海新村秀龙路1002号。

运河新村居委会：奉苑新村23号101室。

杨王村村委会：杨王村819号。

光明村村委会：光钱公路。

南桥镇社区文化中心：南星路333号。

江山小学：江海花园84号。

★ 代表歌手

唐银山，今江海乡张翁庙村人，民间山歌手，出身贫寒。幼时读书四年，爱看申曲等剧本，学唱田山歌。先后与萧塘韩戴根、庄行何祥荣、何进才等山歌手搭班对唱，至南桥、庄行、新寺、齐贤等地演唱，只受烟茶，不收酬金。20世纪30年代，收齐贤龙潭处朱炳良为徒。他擅长演唱《白杨村山歌》，嗓音高亢嘹亮，唱词滚瓜烂熟，全歌18节，长达3100余行，他能连续演唱三天，群众听而不厌。同时，他还能唱《林氏女望郎》《严家私情》等。

山歌剧我在行，我们来比一比！

队员们，我们是光荣的少先队员，还记得我们的呼号吗？"准备着为共产主义事业而奋斗——时刻准备着。"同时，我们是奉贤人，是奉贤的少先队员，肩负着传承奉贤文化的重任，不让"世界之最"消亡，不让本土剧种失传。让我们一起在比赛中学习，一起在竞争中传承。

（1）争做奉贤话小囡：比一比谁唱的山歌剧"奉贤话"歌词多。

（2）争做山歌剧歌神：比一比谁唱的山歌剧"奉贤味"唱腔浓。

蛋博士的话

奉贤山歌剧至今已有五代传人，薪火相传、蓬勃发展。我们作为新时代的接班人，应该义无反顾地接下这个非物质文化遗产的传承接力棒，弘扬优秀本土民间艺术，让山歌剧重新焕发光彩，立志成为第二个山歌剧传承人。

第四章

红色基因镌刻领巾 "心"

第一节　情系群英谱

小言告诉你

每个年代，都会涌现出不少优秀的代表人物，在队员们成长的道路上，老师们也会和大家讲解他们的英雄故事。在一代一代的英雄人物身上，队员们会汲取很多的正能量，让自己的精神世界更加充盈。你能写出他们的名字吗？

讲讲他们的故事吧！

小枫考考你

★ 议一议

有的队员会说：现在是21世纪了，学习榜样也要与时俱进。那些属于20世纪的风云人物，有点过时了吧？队员们，你们的意见呢？

我认为，_____

_____

_____

优秀人物就在身边，力量就在眼前。让我们以小组为单位，去寻找身边的优秀人物吧！请走近他们，聆听他们的心声，汲取他们的"正能量"。

小贤带你游

★ 晒一晒

我们找到了

名片（学生）

姓名：_____   性别：_____

年龄：_____   班级：_____

爱好：_____

人生格言：_____

联系方式：_____

名片（成人）

姓名：_____   性别：_____

年龄：_____   单位：_____

爱好：_____

人生格言：_____

联系方式：_____

★ **飒爽英姿看过来**

　　粘贴优秀人物照片，或者队员与优秀人物合影等。

蛋博士的话

　　习近平总书记在致中国少年先锋队第八次全国代表大会的贺信中指出，"少先队要高举队旗跟党走，传承红色基因，培育时代新人，团结、教育、引领广大少先队员做共产主义事业接班人"。我们要坚定跟党走的初心，牢记为党培养共产主义接班人的使命。

第二节　向往共青团

小言告诉你

很荣幸，我们认识了很多优秀人物。其实，在他们成长的过程中，都有一段特殊的经历，让他们毕生难忘，那就是他们曾经是光荣的共青团员。在很多八年级队员的心中，也有一个小小的心愿在酝酿萌发，那就是对共青团的向往与憧憬！

今天我们一起走近共青团，认识这个光荣的组织！

队员们，你们知道中国共青团的主要创始人是谁吗？请郑重写下他们的名字，一起说说这两个重要人物的事迹哦。

小枫考考你

小贤带你游

★ 观看视频《共青团的历史》

让我们一起穿越时空隧道，回到那个激情燃烧的时代，去感受那段难忘的岁月吧！

道德思维 *加油站*
——社会主义核心价值观教育活动设计

★ 晒一晒

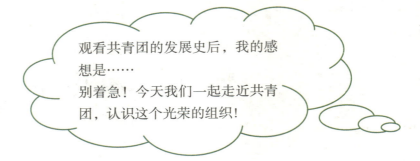

观看共青团的发展史后，我的感想是……
别着急！今天我们一起走近共青团，认识这个光荣的组织！

★ 画一画

请你按照团旗（下图左）、团徽（下图右）的样图，认真地画一画。

★ 说一说

你知道团旗和团徽的含义吗？

小枫考考你

_____

_____

_____

★ 唱一唱

你会唱团歌吗？中国共产主义青年团团歌的原名为《光荣啊，中国共青团》，2003年7月22日，共青团第十五次全国代表大会通过决议，确定《光荣啊，中国共青团》（由胡宏伟作词，雷雨声作曲）为中国共产主义青年团团歌。

歌词内容：

我们是五月的花海，用青春拥抱时代。

我们是初升的太阳，用生命点燃未来。

"五四"的火炬，唤起了民族的觉醒，

壮丽的事业，激励着我们继往开来。

光荣啊，中国共青团！光荣啊，中国共青团！

母亲用共产主义为我们命名，我们开创新的世界。

跟着音乐唱起来啊！

★ 写一写

通过两节课的学习，你对优秀青年、共青团组织有什么更深的体会呢？

_____

_____

_____

_____

_____

_____

第三节　渴望那一天

小言告诉你

作为少先队员，我们向往共青团，崇敬那些优秀青年。但我们更应该努力，成为像他们一样优秀的人。大家是否都在为实现自己的目标而奋斗每一天呢？

★ 写一写

我的优点：_____

_____

我的不足：_____

我的努力方向：_____

_____

蛋博士的话

正确地认识自我很重要，这样能使你更好地找准奋斗方向！不好高骛远，要脚踏实地，一步一个脚印！

未来生涯三问

一问：初中毕业后，我要读什么样的学校进一步深造呢？

一答：_____

_____

_____

二问：我离自己向往的学校还有多大的距离？我该怎么缩短这个距离呢？

二答：_____

_____

_____

三问：我将来想从事什么样的工作？

三答：_____

_____

_____

我们需要向自己不断地发问，我们也需要每天反省，反省自己每天的得失。对于未来，我们必须规划起来，否则浑浑噩噩每一天，最终将一无所获。

小贤又要带领大家穿越时空隧道，这次的目标是20年后。让我们畅想20年后的自己！

20年后，我们都在不同的岗位上努力工作。有的成了教师，有的成了医生，有的成了工人……可能有的人会自豪地说："我成功了！"有的人会说："我的人生平淡无奇！"甚至还有人会沮丧："我的人生很失败。"队员们，未来可期。关键是要做好准备。那么问题来了，你最欣赏的成功人士是谁？你对"成功"一词是如何看待的呢？你觉得衡量一个人成功与否的标准有哪些呢？

我最欣赏的成功人士：＿＿＿＿＿＿＿＿＿＿＿＿＿＿＿＿＿＿＿＿＿＿＿＿＿＿

成功故事：＿＿＿＿＿＿＿＿＿＿＿＿＿＿＿＿＿＿＿＿＿＿＿＿＿＿＿＿＿＿＿

＿＿＿＿＿＿＿＿＿＿＿＿＿＿＿＿＿＿＿＿＿＿＿＿＿＿＿＿＿＿＿＿＿＿＿＿

＿＿＿＿＿＿＿＿＿＿＿＿＿＿＿＿＿＿＿＿＿＿＿＿＿＿＿＿＿＿＿＿＿＿＿＿

＿＿＿＿＿＿＿＿＿＿＿＿＿＿＿＿＿＿＿＿＿＿＿＿＿＿＿＿＿＿＿＿＿＿＿＿

＿＿＿＿＿＿＿＿＿＿＿＿＿＿＿＿＿＿＿＿＿＿＿＿＿＿＿＿＿＿＿＿＿＿＿＿

＿＿＿＿＿＿＿＿＿＿＿＿＿＿＿＿＿＿＿＿＿＿＿＿＿＿＿＿＿＿＿＿＿＿＿＿

衡量成功与否的标准：＿＿＿＿＿＿＿＿＿＿＿＿＿＿＿＿＿＿＿＿＿＿＿＿＿

＿＿＿＿＿＿＿＿＿＿＿＿＿＿＿＿＿＿＿＿＿＿＿＿＿＿＿＿＿＿＿＿＿＿＿＿

＿＿＿＿＿＿＿＿＿＿＿＿＿＿＿＿＿＿＿＿＿＿＿＿＿＿＿＿＿＿＿＿＿＿＿＿

＿＿＿＿＿＿＿＿＿＿＿＿＿＿＿＿＿＿＿＿＿＿＿＿＿＿＿＿＿＿＿＿＿＿＿＿

蛋博士的话

队员们，梦系那"天"，多么美好！让我们共同努力，让那"天"早日到来！

敬业篇

篇章导读

　　敬业是中华民族的传统美德。《礼记·学记》讲，人成长时要"一年视离经辨志，三年视敬业乐群"，认为青年学习要达到的第二个阶段就是要学会敬业。当代社会，热爱与敬重自己的工作和事业，已经成为职业道德的灵魂，是公民应当遵循的基本价值规范之一。对我们少先队员来说，敬业，小之涉及自身如何在同伴、师长面前展现自己；大之，涉及自身将来如何在社会上立足，主要强调立足自身的学习和实践，在工作岗位上认真做事，追求专业技能的完善，成为德智体美劳全面发展的人。

　　第一章强调"会自理"。该章主要是让低年级队员养成"自己的事情自己做"的自理习惯，学会独立完成自己的小岗位任务，如值日工作等。

　　第二章强调"爱劳动"。该章的目的是让队员爱上劳动，掌握一些劳动小技巧、家务小诀窍，帮助队员"事半功倍"，激发队员劳动的热情与成就感。

　　第三章强调"勤服务"。该章的目的是让队员们从小树立服务意识。通过学习活动，增强大、中、小队干部和队员的责任心，也让普通队员换位思考，体会队干部的烦恼，自觉做到"他人的事帮着做，公益的事争着做"。此外，课程增设职业体验，引发队员们对不同职业的感悟与思考。

　　第四章强调"学创新"。创新意味着对自己本职工作的不断追求和完善，这本身也是一种敬业的表现。通过学习，让队员懂得实践创新就在我们身边，我们每个人都有一定的创新意识和创新能力，关键是要学会观察、思考和实践。提醒队员，互联网时代，要养成良好的媒介素养，争当中国好网民。

　　各出所学，各尽所知，使国家富强不受外侮，足以自立于地球之上。

——詹天佑

第一章

苗苗萌芽学自理

第一节　学自理　很重要

小枫
考考你

生活中，我们是不是会发现有的队员总是把自己的铅笔或者本子落在学校，等到做功课了才发现忘了拿回家，惹得爸妈非常生气，吃饭时还在不断训斥。而队员自己呢，也很委屈和无奈，甚至反过来埋怨家长。比如，下面这两位队员的说法——

小雅说：都怪奶奶没帮我穿衣服！

林林说：都怪妈妈没帮我理书包！

为什么这些队员的生活总是乱糟糟的？

蛋博士的话

敬业是一个人的立身之本，没有立身之本，何以生存？我们低年级小朋友要做到敬业，首先要提高自己的生活自理能力，养成良好的生活习惯。小伙伴们，自己的事自己做哦！将学习变为习惯，我们会成长很多。

（1）小学生生活自理常识（下图左）。

（2）《孩子自理能力应该如何锻炼》（下图右）。

小言告诉你

培养自理能力，主要从一些自我服务性劳动做起。比如：梳头，洗脸，洗脚，洗澡，穿衣裤，系红、绿领巾，剪指甲，整理书包，刨铅笔，包书皮，铺床单，叠被子，折叠衣物等。

小枫考考你

豆豆同学说："我什么也不会。不过我家有奶奶、妈妈，还有家政服务阿姨帮我，所以我什么也不用学。"你和他的想法一样吗？

_____

_____

_____

第二节　练一练　比一比

★ 学一学

（1）以小队为单位，伙伴间相互交流、学习，可以请小辅导员、家长等外援。

（2）每个小队派出一名自理小能手，在中队里教其他伙伴。

（3）选择一至两项作为自己重点学习的内容。

★ 练一练

以一个月为期限，坚持每天练习，学会一项劳动技能，请爸爸妈妈监督指导。

完成此项任务，需要注意以下几点：

_____

_____

★ 比一比

敬业章争章情况表。

我学会了	优秀	合格	须努力
穿衣服			
整理书包			
正确刷牙			
垃圾分类			
评价	考章记载： 你通过了考核，获得了_____章。		
	考章者签名：_____ _____年_____月_____日		

小枫考考你

能和爸爸妈妈一起，填好你的作息表吗？

我的作息表

	项目	时间
早上	起床	
	梳头、刷牙、洗脸	
	吃早饭	
	上学	
中午		
晚上	吃晚饭	
	做作业、整理书包	
	刷牙、洗脸、洗脚	
	上床就寝	

争章要求：

1. 一年级

（1）会独立穿衣（包括毛衣）、穿鞋。

（2）会用正确的方法每天坚持刷牙两次（早、晚各一次）。

小言告诉你

（3）写完作业能够自己将文具盒收拾整齐。

（4）玩完玩具能够自己将玩具收拾整齐。

（5）每天戴好绿领巾。

2. 二年级

（1）每天能够自己整理书包。

（2）睡觉之前将自己的衣服叠放整齐。

（3）会系鞋带。

（4）会在父母帮助下列出一天的时间作息表（早、晚）。

（5）尝试自己系红领巾。

第二章

小树茁壮爱劳动

第一节　爱劳动　有技巧

《熊婆婆大厨房乱糟糟》这个绘本，队员们可能看过。里面讲到兔子跳跳和青蛙蹦蹦是一对爱劳动的好伙伴，一起去帮生病的熊婆婆打扫厨房，结果厨房变得乱糟糟……

为什么一番好意却是这样的结果呢？

★ 说一说

对于兔子跳跳和青蛙蹦蹦这对伙伴，你们有什么看法呢？请你对它们做一下评价吧！

★ 议一议

有些队员认为：学习是我们的首要任务，只要成绩好，父母就满意了，其他的都是次要的。你对这个问题是怎么想的呢？

蛋博士的话

劳动最光荣，切记不能忘。不过，爱劳动，首先要学会怎么劳动哦！学会劳动，也是我们学习的一项重要内容哟！勤学、多练，你一定行！

劳动是个技术活

除了自我管理、自我服务之外，我们还应该为集体、为家人、为伙伴做些力所能及的服务性劳动，如扫地，拖地，擦桌、椅、玻璃窗，排桌椅，洗衣，盛饭，摆碗筷，洗锅、碗、盆、择菜、切菜，削果皮，烧开水，煮面，煮汤等。就拿扫地来说吧，要正确使用扫把和畚箕，才能将教室打扫得干干净净：

小言告诉你

（1）使用扫把正面清扫，扫把紧贴地面，不能高高扬起；

（2）用扫把的尖角清扫墙边、桌脚；

（3）将垃圾扫为一堆；

（4）将畚箕口紧贴地面，后端稍稍抬起，将垃圾扫入畚箕；

（5）检查垃圾是否全部扫入畚箕。

相信每个队员都能学会正确打扫地面，成为中队里的小小"美容师"、爸爸妈妈的好帮手！快快行动起来吧！

★ **帮一帮**

你还知道哪些劳动小窍门？来教教大家吧！

★ 做一做

洗衣服的学问

洗衣服真得这么容易吗？是不是只要交给洗衣机就行了？请分小队讨论，列出一份最佳方案，要求：

（1）衣服洗得干净；

（2）不伤衣物；

（3）省力；

（4）节水和环保。

_____

_____

_____

_____

_____

_____

_____

第二节　小当家　有诀窍

蛋博士的话

劳动是创造物质财富和精神财富的过程，是人类特有的基本社会实践活动。少先队员要领会习爷爷"幸福是奋斗出来的"内涵与意义，培育积极的劳动精神，继承中华民族勤俭节约、敬业奉献的优良传统。

小枫考考你

你会自己安排一周的家务劳动吗？具体内容参考以下表格：

一周家务劳动安排表

时间	项目
周一	
周二	
周三	
周四	
周五	
周末	

中华小当家系列技能赛（可根据中队情况予以增减项目）

比赛项目	比赛要求
窗明几净	三人一组，将指定地面、桌椅、窗户分别扫干净、排整齐、擦干净，用时少且效果好者为胜
穿针引线	将纽扣缝到布片上，先完成且针脚整齐者为胜
魔法厨房	在规定时间内能将配给的蔬菜清洗、炒好，且色、香、味佳者为胜

争章要求：

（1）热爱生活、热爱劳动，能体察父母的辛苦。

（2）自己的事情自己做，乐于帮父母做自己力所能及的家务。

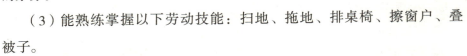

（3）能熟练掌握以下劳动技能：扫地、拖地、排桌椅、擦窗户、叠被子。

（4）能基本掌握以下劳动技能：洗衣服、择菜、煮饭、洗碗、缝纽扣。

敬业章

第三章

岗位服务我锻炼

第一节　队长的烦恼

很多队干部在少先队岗位上默默地为队员服务着，其中的酸甜苦辣和各种滋味相信有着类似经历的队干部们都能感同身受。这不，来自江苏江阴的赵亚楠向我们倾诉了她当队长的委屈，一起来听听她的故事吧！

故事链接

当个中队长不容易

中队长，一个响当当的名字，是中队职务最高、责任最大的队干部，领导着中队几十名少先队员。虽说当队干部很多时候会占用自己的学习时间，但想到自己能够从中得到很好的锻炼与充实，也就无怨无悔了。从一年级开始，我就在班里当起了"官"。从小队长开始，继而担任劳动委员、组织委员、学习委员等中队职务，前年我当上了副中队长。而今，我终于如愿以偿地荣升为中队长了。

要知道，我为了能够让小伙伴喊我时从"副中队长"变成"中队长"，为了去掉这么一个"副"字，可是足足吃了一年的"苦"，受了一年的累，当然也流了好多次泪。有的队员不太理解，有的说我多管闲事，还有的更厉害，说我就想过把"官瘾"。我的爸妈其实也不太支持我当中队长，说是怕影响我的学习成绩。唉，其中的酸甜苦辣都小尝了一把呢。当个中队长，真不容易！

★ 议一议

如果你是赵亚楠，家长不支持、同学不理解，你还会继续当这个中队长吗？为什么？当队干部真的是为了过把"官瘾"吗？

_____

_____

_____

_____

_____

蛋博士的话

队长是广大队员经过民主选举产生的。一名优秀的队干部必须起到"火车头""小黄牛""水中鱼""智多星"和"小火箭"的作用。其中，"小黄牛"就是要求队干部要为队员们服务。作为少先队干部，要比一般队员多一些为队员服务的机会，因此首先要倡导一种全心全意为队员服务的精神。

小言告诉你

菁菁校园，广而求索。渺渺世界，各有乘流。2020年，刚拿到华东师范大学录取书，又听闻自己当选奉贤区"世贤学子"的方峥，重温那段奋斗的岁月，她恍然发现，原来自己成长的轨迹一直伴随着学校的少先队和共青团工作，现在让我们一起来认识一下她吧。

故事链接

世贤学子&贤能学子——方峥

学习之路多磨砺，她保持严谨的治学态度，多学科齐头并进。活跃于校园的她，无论是作为学校大队长和上海市第七届红领巾理事会理事，还是进入高中以后担任团支部书记，都能够躬身垂范，投身各项少先队和共青团活动。从入队的那一天起，她带领队员们用勤奋、拼搏、执着、创新为领巾增光添彩；用爱心、耐心、细心、童心编织着队员们的少年梦。初中时，她曾在两会期间入选"新华小记者"八强，在资深媒体人士的点拨下，采访过莫言、宋祖英和张国立等政协委员，向他们抛出新时代青年的疑问，也从他们的回答中获得了人生启迪。

进入高中后，她将目标内化为动力，踽踽而行。基于经验的积累，她在文体部部长的岗位上继续发光发热，促成校春节联欢晚会、体育节等活动的圆满举行。她也不忘初心与使命，踊跃参与公益项目运作，协助其他工作人员推广新疆特色干果，以"小干果"拉动"大经济"，并将所筹善款悉数捐赠给新疆贫困学子。在全国中学生领导力大赛中，她与其他成员历经几个月的紧张准备，出色完成"浦江之爱"大巴扎项目组，一举夺得全国一等奖。她还将目光投向更广袤的天地：主持全国第二届中学生电影周闭幕式、第七届中国青少年发展论坛等兼具专业性和影响力的盛会，练就了落落大方的台风，行事也更多了一分周全。

成长感悟：优等的心，不必华丽，但必须坚固

★ 找一找

小枫
考考你

除了大、中、小队长们有服务岗位之外，每个队员也有很多"服务小岗位"，如晨会管理、午餐管理、图书角管理、卫生角管理、植物角管理、路队管理等岗位。你能清晰地知道每个岗位的职责吗？一起来 "岗位竞聘"吧，找找适合自己的服务小岗位，说说自己的岗位故事，别忘了填上自己的岗位及职责哦！

小小岗位责任制

岗位名称	岗位职责
晨间管理	点名晨检，收作业，组织同学们晨读
图书角管理	分类整理图书，记录班级图书借阅情况等
植物角管理	养护班级植物角的花卉，向大家介绍花卉生长特点
卫生角管理	整齐有序地摆放打扫卫生的工具，并叮嘱大家爱惜和维护
……	……

蛋博士
的话

一个岗位，一个主人；一个岗位，一份责任。相信少先队员们会在自己竞聘的岗位上自觉自愿、认真负责、安全规范、坚持不懈地参与劳动，养成良好的劳动习惯和品质，发挥特长，为他人服务，为集体做贡献！

第二节　我们的职业体验

小言告诉你

　　亲爱的队员，相信你在自己的岗位上一定取得了很大的进步。长大了，你会选择在怎样的岗位上为他人服务，为社会服务呢？这就涉及"职业"这个话题了。首先让我们每个队员来说说社会中都有哪些职业，每个职业的工作内容有哪些吧！

小枫考考你

★ **看一看**

　　观看视频：为我们生活服务的人。（网络平台搜索到的各行各业劳动者工作服务的视频素材，如《交警公益视频》、《只想当个好医生》、《清洁工》等）

　　常听人说"三百六十行"，这个"行"就是指行当、职业。随着社会的发展，职业分工也越来越多，除了上述视频呈现的这些职业，还有哪些人也在其他职业岗位上为我们服务呢？和伙伴们一起来了解这些职业的名称和具体的劳动内容吧。请你动手写一写，看谁一分钟内写得最多。

职业名称	具体工作内容

★ 辩一辩

各行各业，有当老板的，有当农民的，有当教师的，也有当环卫工人的，到底哪个职业最好，最高尚呢？关于这个话题，蓝天中队召开了一次有关"职业"的辩论会。

职业有无高低贵贱之分

反方："劳动没有贵贱之分，只有分工的不同"说起来好听，但我认为劳动是有贵贱之分的。没有一个人说我愿意扫大街、清大粪。为什么？因为清大粪和扫大街这种劳动在社会的劳动分工中是最低等的。一个扫大街和清大粪的不可以和国家的领导人、富豪、名人等相提并论。从古到今，从东方到西方，千百年来没有一个人教育自己的小孩说：你长大后去扫大街、清大粪吧！

正方：扫大街难道就低贱吗？现在很多洗碗工、扫大街的还是大学学历的呢。那些农民和泥瓦工在人格上并不比从事其他职业的人低贱或见不得人。没有贵贱之分的职业，也没有贵贱之分的人，只有贵贱之分的人品。

社会需要各行各业的人，没有农民，我们就没有饭吃；没有泥瓦工，我们住在哪里；没有扫大街的，那我们无整洁的生活环境。

只要一个人做好自己的本职工作，就是最棒的。很多人虽然做着平凡的工作，却给社会做了那么多的贡献，难道我们不该敬佩他们吗？

★ 议一议

（1）你会选择正方还是反方，职业到底有贵贱之分吗？

（2）你了解父母的工作吗？你认为他们的职业高尚吗？

（3）你将来想从事什么职业？为什么？

⚙ 故事链接

新时代技术工人——李光辉

李光辉从奉贤职校毕业，进入当时还是国有企业的新伦纸业公司时，公司里有一条国外进口的现代化造纸生产线，由于技术力量紧缺，公司只得花巨资聘请专家前来解决技术问题。从那时开始，李光辉就暗下决心，努力学习技术，尽快成为生产线的"主人"。

为了学到知识和技术，他不怕苦不叫累，下午4：30下班，乘班车，从50公里外的星火开发区到市中心参加技工培训，路上吃面包、啃馒头。到达教室时，课程已经开始，老师们对这个每次都会迟到的学生印象深刻，因为尽管每次都迟到，他却总是那个听得最认真，记得最仔细，提问最多的学生。晚上9：30下课后，他赶往市区的办事处过夜。第二天5：30起床，赶在8：00前到达企业上班，往返路程有100公里。如此艰难的自学技术生涯，李光辉整整坚持了5年。通过刻苦学习，他获得了电工、仪表"双"高级技术等级证书，取得了复旦大学计算机大专文凭，2006年又获得工程师职称。

从2000年被评为市劳模到获得全国五一劳动奖章，李光辉为生产第一线的工人展现了一条成才之路。李光辉用自己的言行举止演绎了新时代的工人形象：爱岗敬业、刻苦学习、开拓创新。

蛋博士的话

"三百六十行，行行出状元"，职业是没有高低贵贱之分的。无论哪一个职业，只要你努力干，都能有所收获！队员们，让我们跟着爸妈上班，去体验父母的职业吧！我们会见到许多学校里没有的新奇，感受父母爱岗敬业的职业精神，从而树立正确的劳动观，增强对劳动人民的感情，更好地报效国家、奉献社会。

你还可以用微文、微视频的方式记录下体验的点滴哦！

"跟着爸妈上班去"体验记录卡。

体验_____的职业
工作主要内容：
活动照片：
我的感悟：

第四章

创新就在我们身边

第一节　创新中国与创新人才

⚙ **故事链接**

交通创新　便捷生活

　　周末，小言带着爷爷一起乘坐地铁5号线。对于70多岁的爷爷来说，这可是他第一次坐上地铁。爷爷看着整洁干净的车厢，体验着快速飞驰的地铁，不禁感叹道："现在出行真方便啊，要在是以前我哪敢想啊！"

　　小言好奇地问："爷爷，你那时的交通是怎么样的？"爷爷慢慢回忆说道："以前啊，我们主要靠这两条腿，要是去远一点的地方，这一走就是大半天。后来啊，稍微好点，自行车有了，不过买它还要凭票。哪像现在马路上到处都是车。"

　　小言捂着嘴，笑着说："还好我生在这个新时代，奉贤现在的BRT（快速公交系统）、地铁5号线、闵浦三桥就大大拉近了和其他区的距离。"爷爷也笑着说："是啊，是啊，连我这老头子今天也能享受这交通带来的福了。"

69

　　"爷爷，其实这是交通上的科技创新带来的福利，不仅仅体现在这些方面。"小言打开手机，指着图片说道："爷爷你瞧，这是青藏高原，那钢铁长龙就是青藏铁路，这是一代又一代科技工作者为之奋斗了百年的成果，也让曾说青藏高原不能造铁路的外国专家刮目相看；你再看，我们拥有世界上最长的跨海大桥——港珠澳大桥，它克服了深水、强风、巨浪、急流等恶劣海洋环境的严峻挑战。这座跨海大桥的诞生，不仅让香港、珠海、澳门之间的陆路距离极大缩短，也使得心灵距离进一步靠近；还有黄土隧道、黄土公路施工建设不再是世界级难题，'复兴号'高铁还是世界最快的高铁呢，这些交通科技都领跑世界了。这些充分体现了我们中国人无穷的智慧和克服困难的勇气。"

　　爷爷摸着小言头说道："瞧你骄傲的。你怎么知道这么多？"

　　小言自豪地答道："那是因为我多读书、多看新闻呗。"

　　★ **谈一谈**

　　（1）通过爷爷和小言的对话，我们可以看到科技创新促进交通发展，人民生活更加便捷。队员们，科技创新不仅仅体现在交通上，也体现在生活、生产的方方面面，请你们举例说说看。

　　（2）创新是多方面的，理论创新、制度创新、科技创新、文化创新等各方面创新不断推动着经济和社会的发展。除了科技创新，请和你的小伙伴一起搜找资料看看我国在理论、制度、文化上有哪些创新之处，又给我们带来了哪些影响呢？

　　蛋博士的话

　　"创新是一个民族进步的灵魂，是国家兴旺发达的不竭动力。一个民族缺乏独创能力，就难以屹立于世界民族之林。"每个人的创新能力不同，但是通过自己的努力和改变，同样会增强自己的创新能力哦！

★ 测一测

你的创新能力有多强

创新能力不仅要有良好的发散思维能力，还要有对事物持之以恒的忍耐力，当然更重要的是将这两者有机结合起来的综合能力。你的创新能力到底怎么样呢？一起来测测吧！

（1）即使是十分熟悉的事物，你也常用陌生的眼光审视它（是或否）。

（2）你评价资料的标准首先是它的来历而不是它的内容（是或否）。

（3）对所从事的事业，即使遇到困难和挫折也不会动摇你的意志（是或否）。

（4）你从来不做那些自寻烦恼的事情（是或否）。

（5）聚精会神地工作时，你常常忘记时间（是或否）。

（8）你特别关心周围的人对你的评价（是或否）。

（7）你最愉快的是对某个问题深思熟虑、精推细敲（是或否）。

（8）你不认为灵感能揭开成功的序幕（是或否）。

（9）你对周围的事物有好奇心，一旦产生了兴趣便很难放弃（是或否）。

（10）你认为把事情做得尽善尽美是不明智的（是或否）。

（11）遇到问题，你能从多方面探索它的可能性，而不是拘泥于一条思路（是或否）。

（12）那些没有报酬的事，你从来就不想干（是或否）。

（13）你对于事情过于热心，当事情完成之后总有一种兴奋感（是或否）。

（14）按部就班、循序渐进才是解决问题最正确的方法（是或否）。

（15）你宁愿单枪匹马，也不愿和许多人搅在一起（是或否）。

（16）和朋友争论问题时，你宁可放弃自己的观点，也不使朋友难堪（是或否）。

（17）对你来说，提出新建议比说服别人接受这些建议更重要（是或否）。

（18）你所关心的是什么，而非可能是什么（是或否）。

（19）你总觉得你有用不完的潜力（是或否）。

（20）你不能从别人的成败中发现问题、吸取经验教训（是或否）。

计分方法：每题2分，共40分，在单号题1、3、5……答"是"的得2分，答"否"的得零分；在双号题2、4、6……答"是"的得零分，答"否"的得2分。

得分：0～16分，创新能力较弱

你在工作上很少体会到灵活思维的快乐和喜悦，在生活中也往往缺乏趣味和魅力，但这并非说你一无是处。别灰心，那些熟能生巧的工作正是你的用武之地。

得分：18～24分，创新能力一般

你的创新能力属中等，对事物判断讲究现实，习惯采用现有的方法与步骤考虑和处理问题，这虽说比较保险，但难有较大的成就。思维灵活性是创新能力的基础，你不妨做些自我训练，或者在恰逢机遇时也可显示你的才能。

得分：26～40分，创新能力很强

你是一个创新能力很强的人。你有着将思考结果加以实现的能力，这是你最大的优势。如果现在的你已经有所成就，要戒骄戒躁；如果暂时还没有成就也不要着急，只要努力总会在某些方面崭露头角。

创新应该具有的素质特征

1. 在认识能力方面

①观察力强，具有强烈持久的好奇心；②概念明确，思维清晰；③富有形象力，直觉性强；④喜欢复杂性，追求合理性，爱好研究事物间的关系；⑤思路灵活，善于分析，擅长解决问题；⑥实验动手能力强。

2. 在个性方面

①思想集中、投入；②善于质疑，刨根问底，对问题具有敏感性；③不因循守旧，不循规蹈矩，不愿沿袭传统；④自主性强，自律性强；⑤风格独特，常有不同一般的见解；⑥进取心强，有成就感；⑦喜欢冒险，喜欢挑战；⑧坚忍不拔，乐观，不易沮丧和悲观；⑨肯钻研；⑩喜欢幻想，喜欢提建议。

青少年需要具备创新精神，因此"创新"成了一种时尚，让我们和小贤一起议一议以下这些现象是"创新"的体现吗？

现象1：我要向权威挑战

小明是一个七年级的学生，有些调皮，自从他知道创新的人具备哪些素质后，就更加坚定了自己原先的某些行为，比如说："风格独特，常有不同一般的见解。"因此上课时，老师提问，他每次的回答都要反着来，认为这是一种"向权威挑战"的精神。队员们，你们怎么看？为什么？

现象2：我不要因循守旧沿袭传统！

要过清明节了，周末妈妈叫上了小明一起去扫墓，还买了不少香烛和纸钱，提出要到寺庙烧香拜佛，让老祖宗和菩萨保佑小明学业进步。但是小明有些排斥，认为妈妈的做法是迷信，而创新就应该是不因循守旧、不沿袭传统的，因此拒绝和妈妈一起去扫墓。

★ **议一议**

我们该如何培养自己的创新素质？

_____

_____

_____

★ **做一做**

```
培养小计划

我要培养创新素质：_____

_____

_____


我将这样做：_____

_____

_____
```

第二节　寻找身边的创新少年

★ **现象观察**

　　"冰桶挑战赛"全称为"ALS冰桶挑战赛"。2014年
8月，该挑战赛蔓延至中国互联网圈。活动规定，被邀请者要么在24小时内
接受挑战在网络上发布自己被冰水浇遍全身的视频内容，要么选择为对抗
"肌萎缩侧索硬化"捐出100美元。微软联合创始人比尔·盖茨为了帮肌萎缩侧索硬化患
者募捐，让一桶冰水倒在自己头上。而一向高调的陈光标不甘落后，在微博上发布了两
段视频，显示他在0℃以下的冰水里浸泡了30分钟，结果质疑声不断，最后承认造假。

　　该活动旨在让更多人知道被称为"渐冻人"的罕见疾病，同时也达到募款帮助治疗
的目的，从慈善捐款的角度来说无疑是"创新"之举。继陈光标承认自己冰桶挑战造
假后，"ALS冰桶挑战赛"在社会上引起了更大的关注，由此也存在着两种不同的
观点。

　　反方：此创新之举没有很大必要，直接捐款更好

　　例如，陈光标的行为更像是在宣传自己的一场秀，一开始就在所谓的"创新"下欺
瞒作假。而众多"冰桶挑战赛"参赛者是因为这项活动很火热才来加入的。同时世界各
地许多地区的人都面临缺水问题，在这样的背景下，"冰桶挑战赛"说是"创新"，其
实还不如直接捐款来得更好。

　　正方：此创新之举能呼吁更多人关注"渐冻人"疾病

　　该活动是让更多人知道被称为"渐冻人"的罕见疾病，同时也达到募款帮助治疗
的目的。在名人的带动下，的确唤起了更多人对渐冻人这一罕见疾病的了解。"冰桶
挑战赛"这一活动最开始的目的就是唤起人们对疾病的关注，用"创新"的方式才会
更有效果。

小枫 考考你

★ 议一议

（1）你如何看待"冰桶挑战赛"这一活动？

_____

_____

_____

（2）"创新"行为究竟在什么样的前提下才被认为是合理的、有意义的？

_____

_____

_____

★ 看一看

视频《绿色出行》中关于环保的宣传点子是否让你竖起大拇指？生活中还有哪些能改变人们生活的"创新"行为或想法？和我们一起分享吧！

故事链接

让装饰球体印刷变简单

陈琪佳的家乡瑞安主要生产圣诞饰品并出口到欧美等国家。陈琪佳常看到叔叔阿姨手工绘制用作装饰的圣诞球，每天都要用同一姿势拿着画笔在球体上绘画，长期积累下来的劳累导致大部分工人都患有肩椎劳损等病症，见此情形，她萌生了能否用机器印刷代替手工绘画的想法。

发明过程是漫长而又艰难的。在确认设计思路可行之后，陈琪佳对其发明共进行了6次制作及改进。其中，在印刷章外壳的制作和改进方面，陈琪佳试验过橡胶等多种材料，但是始终达不到让她满意的效果。直到有一天，陈琪佳起床时踩到了床边的一个气球，那"啪"的一声使她想到用气球皮做章面。陈琪佳立即行动起来，剪去一个气球皮的口，将它套在半球上，然后用手指按了按章面，发现伸缩性和橡胶一样好。至此，她终于攻克了印刷章外壳的难关。

最后，简单又方便的"便携式球体印刷章"获得2011年第26届全国青少年科技创新大赛"中国科协主席奖"。其间，她从没停下实践创新的步伐，先后获得十多项省级以上重大发明奖项，还成功申报了三个专利并用于生产。2018年，她再次获得第11届中国青少年科技创新奖。

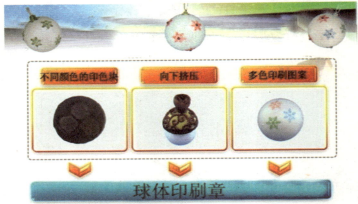

★ **想一想**

陈琪佳在小学阶段就能获得全国青少年科技创新大赛"中国科协主席奖"。我们该如何向她学习发扬创新精神，勇于实践呢？（　　　）

A. 提高自己的创新能力，必须学以致用，勇于实践

B. 依靠我们的想象力去创造，想象力比知识更重要，因为知识是有限的

C. 我们青少年要先学会知识再去创新

D. 创新不是凭空而来的，要善于观察，见微知著

★ 访一访

无论乔布斯还是陈琪佳，他们都是被"苹果"砸到的创新者，其实我们都有可能被"苹果"砸到。目前，我们的主要任务就是学习。在你的身边肯定也存在着这样具有"创新"精神的人。他们在学习生活上，有着与他人不一样的方式，请采访一下他们中的代表并简单概括。

小贤带你游

____年____月____日，我们采访了____，他/她学习生活的不同之处在于____

_____

_____

队员签名：_____

受访者签名：_____

蛋博士的话

实践创新是"中国学生发展核心素养"的重要内容之一，是青少年应具备的适应终身发展和社会发展需要的必备品格和关键能力。勤于实践、敢于创新，并将创新的行为和想法最终服务于集体、社会和国家，才是有意义的。

★ 编一编

对于我们队员而言，好好学习就是敬业的一种表现。发挥你的创意，和你的小伙伴一起结合你所采访的内容，编写以"敬业"为主题的微视频剧本。你也可以通过习得的网络技术，在"微视""抖音"等平台分享给更多的人哦。

剧本名：_____

_____

_____

_____

编剧签名_____

★ 争一争

明确什么是创新素质，正确判断"创新"的行为是否正确，并学会在生活中学习他人优点。我们为大家准备了"敬业章"，一起来看看自己的表现吧，争章要求如下：

（1）能从乔布斯身上找到成功原因，并查找出其他创新小故事。

（2）了解创新素质，并能积极参与社会现象讨论活动。

（3）根据自己的不足制订小计划并实行，让同学和老师感受到你的改变。

（4）积极参与"冰桶挑战赛"讨论，并说出自己的观点。

（5）采访身边具有"创新"素质的人，并和伙伴将他的故事编为微视频剧。

诚 信 篇

篇章导读

　　诚信是各个文明都加以珍视的基本价值，中华民族更是把诚信作为人之所以为人的基本特点之一，认为人无信不立。中共中央、国务院2019年10月颁发的《新时代公民道德建设实施纲要》指出，"诚信"是社会和谐的基石和重要特征。少先队员要继承和发扬中华民族重信守诺的传统美德，弘扬与社会主义市场经济相适应的诚信理念、诚信文化、契约精神，本课程中的"诚信"教育主题从四个层面开展：

　　第一章"伙伴交往要诚信"。校园里，队员们接触最多的就是同龄伙伴，同伴之间的交往原则可能有很多，但诚信是必不可少的，它体现了做人的基本原则。不讲诚信，伙伴之间的交往就是虚假的、经不起考验的。

　　第二章"岗位诚信"。俗话说，在其位，谋其责。每个队员在自己的服务岗位上取得的成果如何固然重要，但如果这个成果蒙上了"虚假"等不诚信的色彩，即使再辉煌的成果最终都会凋零。

　　第三章"学习诚信"。学习中什么最重要？可能大多数队员会说，优异的成绩很重要；也有队员会说，良好的学习态度很重要。这些都没错，但我们在追求分数的同时，更要不断自问：我们经历了那么多次考试，也取得了一定的成绩，但在"诚信"这场特殊的考试中，你合格了吗？

　　第四章"社交诚信"。除了学校、家庭这两个最主要的学习、生活场所，少先队员也会走进社会这个大环境，接触不同的事物，与不同的人交往。环境固然复杂了，但自身做人的原则还应坚守最初的本真。诚信，可以帮助队员在社会中架起人与人之间和谐交往的桥梁。

　　诚者，天之道也。

——《孟子·离娄》

第一章

快乐牵手诚信伙伴

第一节　我与诚信手拉手

故事链接

秦末有个叫季布的人，一向说话算数，信誉非常高，许多人与他建立了深厚的友谊。当时甚至流传着这样的谚语："得黄金百斤，不如得季布一诺。"这就是成语"一诺千金"的由来。后来，他得罪了汉高祖刘邦，被悬赏捉拿。结果他旧日的朋友不仅不被重金所惑，还冒着被灭九族的危险来保护他，才使他免遭祸殃。一个人诚实有信，自然得道多助，能获得大家的尊重和友谊。反过来，如果贪图一时的安逸或小便宜而失信于朋友，表面上是得到了"实惠"，但这"实惠"往往会毁了自己的声誉。而一个人的声誉是立于社会的安身之本，相比于金钱等物质重要得多。所以，失信于朋友，无异于捡了芝麻丢了西瓜，得不偿失。

★ 议一议

队员们，看了这个故事，你认为季布是一个怎样的人？和同伴交流一下。

我认为：＿＿＿＿＿＿＿＿＿＿＿＿＿＿＿＿＿＿＿＿＿＿＿＿＿＿

我的同伴认为：＿＿＿＿＿＿＿＿＿＿＿＿＿＿＿＿＿＿＿＿＿＿

蛋博士的话

诚，即真诚、诚实，不说谎；信，即守承诺、讲信用。诚信，是诚实无欺，信守诺言，言行相符，表里如一。人生活在社会中，总要与他人和社会发生关系。处理这种关系必须遵从一定的规则，有章必循，有诺必践；否则，个人就失去了立身之本，社会就失去了运行之规。

★ **情景再现**

流动红旗该不该得

今天，该小亮值日了。他早早来到学校，认真地坚守着自己的岗位。忽然，他发现一个同学迟到了，一看原来是自己班的明明。这下他不知道该怎么办才好，如果把他的名字记下来，那么，自己的班级就得不到流动红旗了，老师和同学肯定会责怪自己的；如果不把他的名字记下来，虽然流动红旗可以得到，但是自己没有尽到应尽的责任，心里会不安。经过长时间的思想斗争，最后他还是记下了明明的名字，虽然没有得到流动红旗，但他心里非常踏实。后来，小亮向老师和同学解释，老师和同学不但没有怪他，还说他是个诚实守信的孩子。小亮听后心里美滋滋的。

小枫考考你

（1）你会为班里失去这面流动红旗而怪小亮吗？

＿＿＿＿＿＿＿＿＿＿＿＿＿＿＿＿＿＿＿＿＿＿＿＿＿＿＿＿

＿＿＿＿＿＿＿＿＿＿＿＿＿＿＿＿＿＿＿＿＿＿＿＿＿＿＿＿

（2）我们应该从小亮身上学些什么？

＿＿＿＿＿＿＿＿＿＿＿＿＿＿＿＿＿＿＿＿＿＿＿＿＿＿＿＿

＿＿＿＿＿＿＿＿＿＿＿＿＿＿＿＿＿＿＿＿＿＿＿＿＿＿＿＿

＿＿＿＿＿＿＿＿＿＿＿＿＿＿＿＿＿＿＿＿＿＿＿＿＿＿＿＿

★ 说一说

你做过的诚信事情有哪些?

玩耍时,_____

上课时,_____

做作业时,_____

......

蛋博士的话

　　诚信不仅是一种品行,更是一种责任;不仅是一种道义,更是一种准则;不仅是一种声誉,更是一种资源。中国有句古话——"诚信是金",说的是做人讲诚信,就像金子一样宝贵。我们应该做诚实的人,做诚信的事。

第二节　伙伴交往要诚信

★ 小游戏

信任百步行

让队员每两人组成一队，给每队队员发一个眼罩，而后让其中一位队员戴上眼罩，在另一位队员的言语指导下走出教室，在外面行走一圈后再回来，而后对换角色再次体验。

★ 谈一谈
参加这个游戏，我的感受是：

_____

_____

_____

伙伴之间的相互信任很重要，这种信任是建立在对方诚实的基础之上的。伙伴诚信是指对待朋友真诚、老实、讲信誉，言必信，行必果。伙伴交往时，要真诚相待，做事诚实可靠，切忌大话、空话、假话。需注意的是，有时不触及底线的善意的谎言无碍于诚信，只要心中想着的是他人，那么善意的谎言就是珍贵的，它既不会造成信任危机，也不会扭曲人性。

★ 情景再现

有一位队员，他对长跑并不很在行，但在一次测试中，伙伴们都说他的长跑速度比其他同学快，而且说他有机会代表班级参加比赛，要好好努力。队员听了伙伴的话之后非常兴奋，一直被认为没有长跑天赋的自己，竟然能代表班级参加比赛啦！从这天起，他真正喜欢上了长跑，并且每天坚持跑步，过了一段时间后，本来不大可能代表班级参加比赛的他，竟然真的被选上了。

小枫考考你

诚信无时无刻不在考验着我们。有的队员认为你作为好伙伴，应该实事求是地评价同伴的能力，也有的队员说以上情景中的队员鼓励同伴的做法是灵巧智慧的。你对上述两种观点有什么新的补充或想法吗？

你身边肯定有许多伙伴是诚信的榜样，请跟着小贤一起去寻找一下吧，并填写好诚信寻访卡哦！

小贤带你游

诚信寻访卡

本人姓名：_____

伙伴姓名：_____

主要事迹：_____

★ 评一评

希望队员们通过学习，身体力行，做一名诚实守信的好队员。我们将通过自评、队员评、辅导员评，颁发诚信章。

诚信章评价表

争章要求	自评	互评	辅导员评价
了解身边一位诚实守信的好榜样，学习和讲述他的诚信故事	☆☆☆☆☆	☆☆☆☆☆	☆☆☆☆☆
会讲1～2句诚信名言	☆☆☆☆☆	☆☆☆☆☆	☆☆☆☆☆
能辨别和抵制一些不诚信的恶习	☆☆☆☆☆	☆☆☆☆☆	☆☆☆☆☆
对待同学讲诚信	☆☆☆☆☆	☆☆☆☆☆	☆☆☆☆☆

第二章

催开岗位诚信之花

第一节　寻找身边小岗位

🔧 **故事链接**

林浩的故事

　　林浩，当年他是一个年仅九岁的小男孩儿，一名小学二年级的学生，在汶川地震中成功实现自救和救助他人，成为令很多成年人都钦佩的小英雄。

　　九岁，还是在父母怀里撒娇的年龄，还是需要他人悉心呵护的年龄。可是九岁的林浩却毅然扛起照顾他人的责任，他说："我是班长！"

　　在他小小的心房里充满着对同学的关爱和身为班长的责任——地震中，他组织、帮助同学们安全获救；被埋在废墟时，他带领同学们一起唱歌，战胜恐惧；爬出废墟后，他又返回救出一名受伤的同学。

　　从他的身上，我们看到了坚强、勇敢、乐观，而更令人感动的是他表现出的那种对自身岗位的强烈责任感。

★ **找一找**

请你找一找中队有哪些小岗位。你担任什么岗位？把它们写下来吧！

我找到的中队岗位有：

我在中队中担任的岗位是＿＿＿＿＿＿＿＿＿，我每天要做到：

★ **辩一辩**

有同学说，小岗位真神气，戴上岗位标志，可以管好多人，我一直盼着这一天呢！也有同学说，中队中我担任值日生岗位，从早到晚，马不停蹄，真辛苦，我可不想当！

队员们，你们对上面两种不同的态度有什么想法呢？

★ 夸一夸

在我们身边，有许许多多的小岗位，许多队员在各自的岗位上默默无闻地为大家服务，在他们身上都有一个共同的闪光点，你发现了吗？请用你们的眼睛去寻找，用你们的心灵去感知，夸一夸你心目中的"岗位之星"吧！

我心目中的"岗位之星"是：

_____

_____

_____

_____

因为他（她）：

_____

_____

_____

_____

蛋博士的话

诚实守信是人类千百年传承下来的优良道德品质，它既是个人道德的基石，又是社会正常运行不可或缺的条件。在少先队大、中、小队温暖的大家庭里，人人有事做，事事有人做，诚实本分地履行好自己的职责，辛苦锻炼我们的意志品质是对我们每个队员的要求。

第二节　岗位锻炼讲诚信

故事链接

　　有人到瑞士访问，在一个洗手间里，他听到隔壁小间里一直有一种奇特的响动。在好奇心的驱使下，他通过小门的缝隙向里面探望。这一看使他惊叹不已，原来，小间里一个七八岁的小男孩正在修理马桶的冲刷开关。一问才知道，这个小男孩上完厕所后，设备出了问题，他无法把脏东西冲下去，因此他就一个人蹲在那里，千方百计地想修复那个冲刷设备。而他的父母、老师当时并不在他身边。

　　这件事令他非常感慨，一个只有七八岁的小男孩，竟然有如此强烈的负责精神，可以说这种责任心已经完完全全成了他的习惯。

★ 说一说
　　如果你是这个小男孩，你会对这个坏掉的马桶负责吗？

★ **情景再现**

　　小明是中队的"清洁小卫士"，平时扫地、擦黑板、排桌椅都很积极，可是今天放学扫地的时候，他却对旁边的同学说："你们先扫着，我去上个厕所。"当其他同学都扫完地了，小明才出现，手里还拿着数学作业本。原来，小明中午只顾着在操场上踢足球，没来得及完成今天的课堂作业，刚才是借故忙着补作业去了！

★ **议一议**

　　看了这个案例之后，你想对小明说些什么？当自己的小岗位和学习、娱乐等活动有冲突时，你的选择是什么呢？

_____

_____

_____

　　岗位诚信是忠于职责，不失信于人；
　　岗位诚信是勇于认错，不逃避责任；
　　岗位诚信是实事求是，不弄虚作假。

★ **读一读**

最美贤少年——林文宽

　　奉贤区光明学校的林文宽，勤奋、踏实、懂事、好学。几年的队干部工作，他始终兢兢业业、勤勤恳恳，为中队、为小伙伴服务。他身兼数职，任务多了，工作自然忙，但他都能精心安排，从不借故耽搁任何一项工作。

　　有一次放学时，他带领伙伴们完成值日工作回到教室，发现宣传委员还在出黑板报，顾不上擦去额头的汗水，也顾不上喝一口水，他拿起粉笔便画起了插图。有同学劝他回家，他笑笑说："这也是我的工作，我应该和你们一起做。"朴实的话语中闪烁着一颗对工作挚爱负责的心。

平时，当有同学在课间、午间不守纪律时，他总是像小老师一样坦诚劝阻，同学们也都愿意接受他的帮助，喜欢与他交朋友。只要是学校的事、中队的事、同学们的事，他都尽职尽责，即便牺牲自己的双休日也毫无怨言。这个尽责奉献、诚实守信的好少年深受队员们喜爱。

★ 写一写

从"最美贤少年"林文宽身上，你学到了什么？请结合自己的理解，绘制你的"岗位诚信花"，将自己的岗位诚信承诺写在"岗位诚信花"上。

★ 评一评

评价内容	自我评价	队员互评	辅导员评价	综合评价
我的小岗位	☆☆☆☆☆	☆☆☆☆☆	☆☆☆☆☆	☆☆☆☆☆
岗位诚信度	☆☆☆☆☆	☆☆☆☆☆	☆☆☆☆☆	☆☆☆☆☆
岗位诚信花	☆☆☆☆☆	☆☆☆☆☆	☆☆☆☆☆	☆☆☆☆☆

祝贺你！你通过了考核，争得了"岗位诚信章"！

考章者签名：＿＿＿＿＿＿＿
＿＿＿＿年＿＿＿月＿＿＿日

★ 争一争

争章要求：

（1）有自己的小岗位，并在自己的岗位上坚持服务一个月。

（2）能坚守岗位，对自己负责的事情尽心尽责。

（3）设计自己的"岗位诚信花"，说了就要努力做到。

岗位诚信章

第三章

学习诚信 共同进步

第一节 学习进步要诚信

★ 情景再现

  周兵和宋杰是好朋友，他们曾经许诺，不管谁遇到困难，一定要互相帮助。这天，周兵想抄宋杰的数学作业，宋杰没同意，周兵生气地说："这点忙都不帮，真不讲信用。"

★ 议一议

（1）你对这件事如何看待？

_____

_____

_____

_____

（2）实际生活中，假如你是他们中的一位，你会怎么办？

★ 选一选

（1）对于学习作弊的看法_____。

A. 反对。自己不作弊，也不让朋友和同学作弊

B. 赞同。考试作弊没有什么不好

C. 作不作弊都无所谓

（2）课间看到同学在抄袭作业，你会_____。

A. 举报

B. 别人的事，不用管

C. 自己也抄，这样不吃亏

蛋博士
的话

同学们要知道，诚实守信很重要。

弄虚作假咱不要，犯了错误快改掉。

平等公平去竞争，争做文明好少年。

承诺一定讲原则，害人害己不去做。

培养诚实好品质，学习进步创新高。

★ 评一评

下面是一个小小辩论会，我们来做一次裁判，评一评谁做得对。

正方：学习上讲诚信不吃亏。

在学习的过程中肯定会遇到很多的问题和困难，这就更需要我们实事求是、勤学好问，这样我们才能真正获得知识和本领。反观那些不讲诚信的人，明知自己在学习上有问题，却不能诚实地向他人请教，而是通过抄袭作业、考试作弊等方法来取得虚假的成绩，其实并没有真正地获取知识、学到本领。这种人将来何以建设祖国？只有讲诚信才有利于我们的学习，促进我们健康成长。

反方：学习上讲诚信吃亏。

每个人总或多或少地存在一些不足，这在学习方面表现得更为突出一些。如果我们一遇到问题就承认不会，一犯错误就勇于坦白，肯定会降低自己在老师和同学们心目中的地位，使自己矮人一等。更为严重的是，由于诚实，可能会受到家长的"棍棒教育"，那不就太不值得了吗？反之，我们如果不懂装懂、抄袭偷看，在班中充当"南郭先生"，不但自身的地位能得到巩固，而且会受到老师的表扬。

★ **说一说**

我同意＿＿＿的观点，理由是＿＿＿＿＿＿＿＿＿＿＿＿＿＿＿＿＿＿＿＿＿

＿＿＿＿＿＿＿＿＿＿＿＿＿＿＿＿＿＿＿＿＿＿＿＿＿＿＿＿＿＿＿＿＿＿＿＿＿＿＿

＿＿＿＿＿＿＿＿＿＿＿＿＿＿＿＿＿＿＿＿＿＿＿＿＿＿＿＿＿＿＿＿＿＿＿＿＿＿＿

＿＿＿＿＿＿＿＿＿＿＿＿＿＿＿＿＿＿＿＿＿＿＿＿＿＿＿＿＿＿＿＿＿＿＿＿＿＿＿

真心话大胆说出来

（1）列举中队有哪些学习诚信的同学，说说他们的
事迹。

小贤
带你游

（2）在我们周围又有哪些不诚信的行为，具体表现在哪里？

（3）我们该怎样做才能坚守学习诚信？

第二节　文明考试　诚信做人

★ 想一想

（1）这组漫画讲述了一个怎样的故事？

（2）你怎么看待他们的行为？

小言告诉你

嘿……你怎么在吃书……

我把等下考试的答案写纸上了

如果被抓到我就把纸吃下去，毁尸灭迹……

现在得先练习一下……

蛋博士的话

考试作弊是校园里常见的现象，考试作弊的手法也越来越高明，而且不少人视其为儿戏并不以为耻。对学生而言，作弊的负面心理效应对其心理成长不利，更重要的是会影响学术诚信及整个社会方方面面的诚信建设。因此，考试成绩无论结果如何，都要正确面对。

★ 写一写

设计一张学习诚信倡议书。

学习诚信倡议书

① _____
② _____
③ _____

④ _____
⑤ _____

承诺人签名：_____

★ 读一读

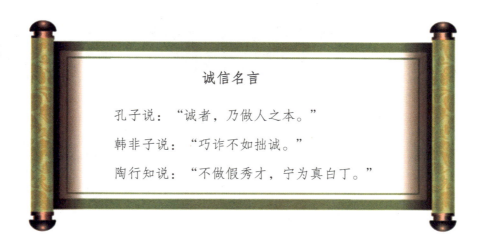

诚信名言

孔子说："诚者，乃做人之本。"

韩非子说："巧诈不如拙诚。"

陶行知说："不做假秀才，宁为真白丁。"

道德思维 加油站

——社会主义核心价值观教育活动设计

蛋博士的话

人生处处是考场。一个人一生要经历无数次考试,只有以诚信为基础,通过个人的努力,才能取得好的成绩,才能交上满意的答卷,才能从容应对人生道路上的各种挑战,一步步走向成功。

★ 评一评,争一争

每项争章要求达到5星以上就能获得"诚信章"。

诚信章评价表

争章要求	自评	互评	家长评价	辅导员评价
能辨别学习不诚信的行为	☆ ☆ ☆ ☆ ☆	☆ ☆ ☆ ☆ ☆	☆ ☆ ☆ ☆ ☆	☆ ☆ ☆ ☆ ☆
会讲2～3句诚信名言	☆ ☆ ☆ ☆ ☆	☆ ☆ ☆ ☆ ☆	☆ ☆ ☆ ☆ ☆	☆ ☆ ☆ ☆ ☆
学习考试不作弊	☆ ☆ ☆ ☆ ☆	☆ ☆ ☆ ☆ ☆	☆ ☆ ☆ ☆ ☆	☆ ☆ ☆ ☆ ☆
能主动劝阻他人的作弊行为	☆ ☆ ☆ ☆ ☆	☆ ☆ ☆ ☆ ☆	☆ ☆ ☆ ☆ ☆	☆ ☆ ☆ ☆ ☆

第四章

社交诚信　共创和谐

第一节　诚信接力棒

⚙ 故事链接

　　扬州大学附属中学高一（2）班的学生小徐，在骑自行车上学途中，剐蹭了路边停着的一辆宝马车的后视镜。当时他想，撞坏了别人的东西，就必须承担责任。他在原地等了20多分钟，但车主一直没有出现。眼看快到上课的时间了……

★ **说一说**

在这种情形下，如果是你，你会怎么办？

小言告诉你

★ **情景再现**

　　小徐到附近的书报亭借了一支笔写下字条——"尊敬的车主：我是扬大附中的一名学生，在今天中午的上学途中不小心弄坏了您的车。主要是一划痕及左后视镜，我无法及时赔偿，对不起！"字条后边留下了联系电话。

　　刚写完字条车主就过来了，他便向车主说明了情况，又让车主看了字条。车主被他的诚意感动，拍着他的肩膀说："不要赔偿了，赶紧去上学吧。"

　　随后"诚信中学生"的故事在网络上不胫而走，转发量近万次。车主凌先生在网上发帖称："孩子，谢谢你，你让我们这些大人的心灵被好好清洁了一回，让我获得了久违的感动。"凌先生还表示不会向他索要修车费，因为"他的品质比金钱更可贵"。

蛋博士的话

　　美德是可以相互感染的。诚信的中学生感染了车主，车主"心灵被好好清洁了一回"这句话，又感染了我。我们彼此以德相待，就能洗涤尘俗，共铸文明，收获和谐。

★ **议一议**

　　（1）虚伪浮夸与实事求是哪一个是诚实守信的出发点？

　　（2）面对利益冲突问题时，你会站在大多数人的利益这一边吗？

　　（3）在眼前利益与长远利益发生冲突时，你会站在哪一边？

　　（4）在情与法冲突时，你会选择情还是法？

★ **写一写**

　　社交诚信的名言警句知多少？

_____

_____

_____

第二节　留学博士为何找不到工作

故事链接

有一学生在国外潜心钻研，埋头苦学，终于获得博士学位。他想："凭着自己的专业水平，在大企业找份工作应该不成问题。"于是，他去了一个有名的大企业应聘，一切都非常顺利，然后他就安心回家等候录用通知书。不久，他收到一封信："你非常优秀，你聪明又有较高的专业水平，但很遗憾我们不能录取你……"既然大企业不行，就找一家中型企业吧，他再去应聘，结果等来的仍然是"你很优秀，但很遗憾不能录用你……"最后，这个学生想，那我就从小企业做起，这总该可以了吧，但结果仍然一样。这个学生怎么也想不通，为何如此优秀的他竟没有一家企业肯录用呢？而这一切都源于他曾经的几次乘公交车逃票……

★ 议一议

请大家结合古今中外的真实事例议一议：如何在人际交往中做到诚信？

★ 辩一辩

讲诚信吃亏吗

正方观点： 我们不难看到，当今社会老老实实、说到做到的人，往往会被那些言而无信的人所欺骗，假冒伪劣产品的蔓延、虚假广告的传播……当一个个无辜的老百姓痛诉这一切的时候，那些制假售假者却正高兴地数钱呢。到头来，吃亏的还不是大多数讲诚信的人吗？

反方观点： 社会上，坑蒙拐骗等与诚信背道而驰的事确实时常发生。老实人看起来总是要吃亏，不讲诚信的人看起来总是捡了便宜。然而这只是短时期内的，从长远来看，讲诚信是不会吃亏的。反之，那些不讲诚信者终将受到道德的谴责和法律的制裁。

请大家结合古今中外的真实事例辩一辩：善意的谎言与诚信矛盾吗？

_____

_____

_____

_____

★ 说一说

你有哪些社交诚信金点子？

_____

_____

_____

（1）要言必信，行必果。不轻易许诺，一旦许诺，坚决履行。

（2）许诺前要深思熟虑，量力而定。如尽力而为却不能办到时，要及时说明缘由并求得谅解。

（3）诚信不同于"哥们义气"，履行诺言要符合法律规范和道德要求。

（4）被迫情况下做出的承诺不必遵守。

（5）严守国家机密，保守商业秘密，尊重个人隐私。

（6）具体问题具体分析，正确对待善意的谎言。

第三节　我的帅哥网友

★ 演一演

小品《我的帅哥网友》

第一幕　网聊

地点：某网吧内。

人物：（女主角）香水百合——中学生丽丽；

（男主角）独孤剑南——劫匪。

旁白：初中生丽丽坐在某网吧内的一台电脑前，熟练地操作着电脑，开始用QQ聊天。

丽丽：我已经两天没换网名了，这次叫什么名字好呢？（托着下巴，做思考状）嗯，就叫香水百合吧。有人和我聊天了，独孤剑南，让我看看他的资料，呀，和我还是同一城市的人呢！

旁白：丽丽仔细地读着网友的资料。

劫匪：今天真不顺，一条鱼都没有上钩，晚饭还没着落呢，再让我找找看吧。嗯，香水百合，这名字不错，目标就是她啦！

聊天对白：

劫匪：Good evening! 美女！

丽丽：晚上好，独孤剑南大哥，你的网名真酷！

劫匪（做窃笑状，哈哈，上钩了！）：过奖，过奖，你的网名这么甜美，动人心弦，想必你本人一定貌美如花，哦不，美若天仙吧！美女没有帅哥陪太可惜了，既然我们在同一个城市，不如我们见见面吧？这是我的照片。

丽丽（做惊呼状，哇！他可真帅！瞧瞧瞧瞧，小贝的双眸、棕色的毛发、王力宏的标准美男脸型，深吸一口气，比我们班的男生帅多了！好酷啊！）：你不会是骗子吧？

劫匪：哈哈哈，小妹妹，你见过这么帅的骗子吗？我可是品学兼优的校草一枚。有啥不会的题目尽可以问我，等你哟！

丽丽：嗯，地点就在浪漫茶楼。我等你噢！

（劫匪做奸笑状，哈哈哈哈，大功告成！浪漫茶楼就在对面，晚饭到口喽！）

第二幕 见 面

地点：浪漫茶楼。

人物：（女主角）香水百合——中学生丽丽；

（男主角）独孤剑南——劫匪。

旁白：丽丽高高兴兴地来到了浪漫茶楼。

丽丽（开心地打扮起来，左顾右盼，既欣喜又焦急，不时看表）：我的帅哥网友什么时候来呀？

（此时劫匪上场）

劫匪：香水百合，你好呀！

丽丽：啊？你就是独孤剑南？我……我……我……还有……有事……我……我先走了。

（劫匪拽住丽丽）

劫匪：小妹妹，我们还没聊天呢，这是见面费（说着立即扯下丽丽手中的包，飞快地逃走了）

（丽丽从恍惚中惊醒，大喊"快抓小偷"。）

★ 小调查

（1）你有几个社交网名？

_____

_____

_____

（2）你会在网上撒谎吗?

_____

_____

_____

★ **议一议**

结合自己的经历谈谈在网上如何恪守诚信而又不受到欺骗。

_____

_____

_____

_____

_____

让我们一起拟写《文明上网倡议书》，共筑"诚信
奉贤"吧。

蛋博士
的话

青少年朋友们：

网络是一把双刃剑，为了提高青少年自我保护意识，自觉抵御不健
康网站的诱惑，我们向全体青少年发出倡议：

（1）加强学习，认清危害。我们要认真学习有关法律法规，认清不健康网站的危
害，防止不良信息侵蚀自己的心灵。

（2）文明上网，远离诱惑和侵害。我们要遵守网络道德，文明上网，不进营业性网
吧，不接触不良信息，自觉抵制不良诱惑。

（3）积极行动，广泛宣传。我们要广泛宣传不健康网站的危害，劝告身边同学远离

这些网站，同时积极配合有关部门做好打击淫秽色情网站的工作，发现情况及时举报，为营造健康纯净的网络空间贡献自己的力量。

★ **争一争**

在"社交诚信"的学习中，大家一定对社交诚信有了更深层次的感悟，知道什么是真正的社交诚信行为，如何在日常生活中践行社交诚信。一起为你的学习情况评评分吧。

评一评	自评（★★）	小队长评价（★★）	辅导员评价（★★）	总★数
人际交往诚信				
网络交往诚信				

争章要求：

（1）知道什么是社交诚信。

（2）在面临选择困境时知道什么样的行为符合社交诚信。

（3）文明上网，为共筑"诚信奉贤"出谋划策。

（4）在日常生活中践行社交诚信，并逐渐形成习惯。

（5）在"评一评"的两个栏目中分别获得5星及以上。

友善篇

篇章导读

"友"在甲骨文中像两只手，象征着朋友之间的援手，其本意是帮助。"善"由一个羊和一个言组成，羊是吉祥的代表，言是讲话，因此其本意是吉祥的话语。友善就是友好、和善，心地善良，与身边的人关系融洽，对人态度温和。养成友善的品德，犹如太阳放射光芒温暖人心。结合少先队活动课程纲要内容，友善篇主要分四个方面开展教育活动：

第一章"好朋友"。引导小学1～2年级小朋友在新校园里认识更多的小伙伴，并通过情境模拟等形式让少年儿童认识到经得起考验的友谊才是真正的友谊，为小学阶段的学习生活打下良好的情感基础。

第二章"我们一起手牵手"。引导3～4年级的小朋友认识到交朋友的目的不纯粹是满足自己的精神需求，更要"互助"。"互助"从字面上理解为互相帮助，更为深刻的理解应是一种合作团结。人心齐，泰山移，团结互助的力量不可小觑。

第三章"手拉手共成长"。体现了5～6年级阶段友谊的重要特性，它能促使伙伴之间共同"富有"。这一阶段的少先队员渴望自身在伙伴中的价值实现——我对别人很重要，而友善可以让其体会到和伙伴共同成长的快乐。

第四章"红领巾志愿行"。引导队员们把对老师、家长、伙伴等熟悉的人的"小爱"扩展到更多需要帮助的"陌生人"的"大爱"之中，让队员参与更多志愿者活动，在活动中体验志愿精神的内涵，体会到跨越国界、职业和贫富差距，没有文化差异、没有民族之分、不论高低贵贱的友善的魅力。

善良的心就是太阳。

——雨果

第一章

你是我的好朋友

第一节　认识好朋友

小贤带你游

欢乐的小学生活就要开始啦！在新的校园里又有许多新朋友，听，音乐已经响起来啦，快和我们一起去找朋友吧！

★ 找一找

全体小朋友围成圈，随着音乐边唱边跳《找朋友》。音乐时间长一些，尽量让每一位与圈中差不多一半的伙伴"敬个礼，握握手"。

友善待人，是中华民族的传统美德，待人友好、和善、热情和宽厚，善意地理解和体贴身边的人，可以提高我们生活的幸福指数。恭喜你，找到了那么多好朋友！你能正确地叫出他们的名字吗？快找你的小伙伴问一问吧！

小言告诉你

★ 做一做

大家好！我叫费甜甜。（声音响亮）

张小林（声音响亮）

大……大家好，我……我叫陈……陈小米。（声音轻，颤抖）

小枫考考你

费甜甜、张小林和陈小米都做了自我介绍，你更喜欢谁的自我介绍呢？说说为什么。

_____

_____

_____

相信你已经认识了不少好朋友。那你知道你的好朋友平时都喜欢做什么吗？学着明明和玲玲的样子，问一问、说一说。

小贤带你游

★ 演一演

嗨，你好！我叫明明。我喜欢踢足球，我可是一名体育小健将呢！

很高兴认识你。我叫玲玲，我喜欢唱歌、跳舞、画画。其中，我最喜欢跳舞。大家都夸我跳起舞来像个小精灵！

蛋博士的话

认识了好朋友，以后见面时要主动打招呼哟！打招呼的方式有很多，可以叫对方的名字，互相点点头，也可以互相招招手，或者拥抱一下，等等。不管哪一种方式，都别忘了你最美的笑容哦！

小枫考考你

经过一段时间的相处，相信你一定对新伙伴有所了解了。现在小枫要考考你，看看你有没有一双明亮的小眼睛，能够发现小伙伴身上的优点。

_____

_____

_____

_____

_____

★ 夸一夸

全班小朋友围坐成一圈，击鼓传花，鼓声停，花在谁手中，谁夸好朋友。看谁夸得最棒！

蛋博士
的话

开心的事与好朋友分享，快乐就会加倍！伤心的事说给好朋友听，悲伤就会减半。成长的道路上，有朋友陪伴是多么幸福的事！多一个朋友就多一笔财富，用你最真诚的心去交朋友，愿你成为这世上"最富有"的人！

第二节　友谊大考验

小言
告诉你

朋友是一首快乐的诗，值得你细细体味；朋友是一首动人的歌，让你走进"欢笑"的生活；朋友是一汪平静的湖水，包含你需要的任何一份美。用自己心中的语言来说一说"朋友"。例：有了朋友，我们就不孤单。

★ 写一写

每个人都离不开朋友，有朋友的日子是灿烂的、温馨的。俗话说：人无完人，金无足赤。我想你们的朋友也有这样或那样的缺点，我们不妨写出来。注意事项：营造一个敢于说真话，乐于说实话的氛围；鼓励队员善于发现朋友的缺点，激发其自由表达的欲望。

小枫
考考你

- ◆ 各自写在卡片上
- ◆ 小组内交流
- ◆ 全班师生交流

实事求是说"朋友"

何时：_____

何地：_____

何事：_____

蛋博士的话

人不贵于无过，而贵于改过。少年儿童正处于世界观、人生观、价值观形成的过程中，需要得到帮助。不要嫌父母、老师、同学们说得多、管得严和管得宽。要想想管得对不对、是不是为自己好，对了就要听，就要接受帮助。朋友是一面镜子，既能让我们认识别人，又能让我们正确认识自己。正如习爷爷所说的"接受帮助，就是要听得进意见，受得了批评，在知错就改、越改越好的氛围中健康成长！"

互动游戏：心心相印诉"朋友"

（1）写一写。把自己好朋友的缺点，放进标有"心"字的瓶子里，然后每位队员从瓶子里寻找属于自己的纸条，并念出自己的缺点。

（2）说一说。说说你怎样帮助好朋友改正缺点？

（3）演一演。假如你在提建议时，不小心让你的朋友产生了误会，你会怎么做？

小贤带你游

（4）在今后的日常行动中，选择你自己喜欢的方式来帮助好朋友改正缺点，比一比谁的方式最让朋友乐于接受。

★ 评一评

达标要求

每达到一条要求，涂一张笑脸。自评与互评均达到4张笑脸以上，则获得友善章。

自评	☺ ☺ ☺ ☺ ☺
互评	☺ ☺ ☺ ☺ ☺

★ 争一争

争章要求：

（1）能主动结识新朋友。

（2）自我介绍时，声音响亮，态度大方，表达清楚。

（3）善于发现好朋友身上的闪光点，并向他学习。

（4）发现好朋友的不足时，能善意地指出并帮助他一起改正。

（5）当好朋友指出自己的缺点时，能虚心接受。

第二章

我们一起手牵手

第一节　走近"互助"

《礼记·学记》中说："独学而无友，则孤陋而寡闻。"意思是说，如果学习中缺乏学友之间的交流切磋，就必然会导致知识狭隘，见识短浅。因此，在我们成长的道路上，有真心的朋友真诚相伴是一件多么幸福的事。

故事链接

三兄弟折筷子

古时候，有一个勤快聪明的老猎人，家里有三个儿子。这三个儿子经常为了一点小事吵嘴、打架，除了自己，他们谁也看不起。当两个儿子打架时，另一个儿子不仅不劝架，还在旁边看热闹。老猎人决定想一个办法教育他们。老猎人先叫三个儿子每人折断一根筷子，兄弟三人轻轻一折就断了。老猎人又叫每人折断一捆筷子，兄弟三人用尽全身力气，却怎么折也折不断。老猎人说："你们好好想一想，为什么一根筷子一折就断了，一捆筷子怎么折也折不断？"

★ 想一想

（1）为什么一根筷子一折就断了，一捆筷子怎么折也折不断？

_____

_____

（2）老猎人为什么要他的三个儿子折筷子？你读懂了什么？

_____

_____

（3）想想看，故事的结局会怎样？

_____

_____

⚙ 故事链接

地狱与天堂

相传，有一个财主，为人吝啬，但一心向善。一日，他带着厚礼前往寺庙向住持求死去后去天堂的通道。住持笑着说："天堂即是地狱，地狱即是天堂。"财主不解。一年后，财主又带着厚礼去询问去天堂的通道。住持还是笑着对财主说："人间即是天堂，地狱即是人间。"财主仍不解。又过了一年，财主又一次找到了住持，住持笑道："看你这么有诚心，我就带你去天堂和地狱看看。"于是住持拉着财主的手，一番腾云驾雾先来到了地狱，财主在地狱里看到，在一个大房子里有一张大桌子，桌子上是丰盛的佳肴，桌子周围坐满了人，但是，他们每个人都面黄肌瘦，每人手里都有一双一米长的筷子，当鬼差一说开饭，里面的人都拿起筷子一顿哄抢，因筷子太长，什么也没吃到，一桌子菜全都撒在地上，有几个因为吃不到自己想吃的菜，埋怨别人，有的甚至拳脚相加。财主不忍目睹，请住持带他去看天堂。住持笑笑，于是，住持又拉着财主的手，一番腾云驾雾来到了天堂。财主在天堂发现，在一间大房子里同样有一张大桌子，桌子上同样是丰盛的佳肴，桌子周围同样坐满了人，每人手里同样都有一双一米长的筷子，但他们每个人都谈笑风生，面色红润，当天使一说开饭，人们并没有用筷子先夹菜给自己吃，而是把最好的菜夹起后往对面人嘴里送，一顿饭下来，没有一点浪费，其乐融融。

★ 想一想

（1）同样的待遇和条件，为什么地狱里的人痛苦，而天堂里的人快乐？

_____

_____

（2）财主看到此情此景，他会怎么想？怎么做？

_____

_____

（3）读了这个故事，你懂得了什么？

_____

_____

读了这两则故事，你懂得了什么？有哪些收获？快快把它记到你的"小小收获园"里吧！

★ 写一写

第二节 体验"互助"

互动游戏："珠行万里，传递贤能"

又到了最开心的"游戏时间"。今天要玩的游戏叫"珠行万里，传递贤能"。全体小朋友依次用纸做成"通道"，将5个乒乓球从教室的这一头运送到教室另一头的篮子里，过程中乒乓球不能掉落，全部运送完，即为挑战成功。

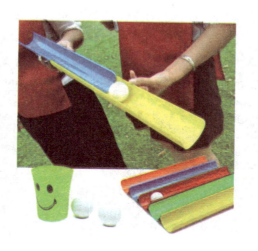

★ 找一找

有的"通道"很好，乒乓球快速通过。可是有几处"通道"却总是让乒乓球掉落，这是为什么呢？聪明的你快和小伙伴讨论讨论，找找原因吧！

★ 试一试

找到了问题所在，让我们再来一次游戏，看看这次能不能用更短的时间完成任务。

互动游戏："同舟共济"

在"同舟共济"中，5个小伙伴自由组合成一组，穿上"多人多足板鞋"，用最短时间到达"对岸"即为胜利！

★ 找一找

有的小队很快到达了"对岸"，有的小队要么"寸步难行"，要么摔个四脚朝天，还有的小队发生了不愉快。导致失败的原因是什么呢？

小枫考考你

★ **试一试**

　　总结了成功与失败的原因，让我们再来一次游戏，看看这次能不能更好地完成任务。

_____

_____

_____

蛋博士的话

　　人心齐，泰山移。集体生活中，我们每个人都应该发挥自己的光和热，当你在为他人加油时，其实也是在为自己喝彩；当你诚心帮助他人解决困难时，其实也是在提升自己的实力。如果只盯着自己的利益，你就分享不到他人的快乐，也感受不到团队的幸福。让我们时刻牢记：团结就是力量，互助凝聚希望。

　　通过刚才的游戏，我们懂得了获得游戏胜利的秘诀就是"同伴互助，齐心协力"。在日常生活中，小伙伴之间同样需要互相帮助。

小言告诉你

★ 想一想

我能为好朋友做什么？

_____

_____

_____

★ 做一做

动手制作"好朋友"树，记录下与好朋友之间的点点滴滴。

★ 评一评

达标要求

涂的笑脸越多，表示做得越好。自评及互评均达到4张笑脸以上，则获得友善章。

自评	☺ ☺ ☺ ☺ ☺
互评	☺ ☺ ☺ ☺ ☺

★ 争一争

争章要求：

懂得"同伴互助"的重要性。无论是在学习上还是生活上，都能和小伙伴一起，共同体验，一起成长。

第三章
手拉手共成长

第一节　友善待人　快乐自己

故事链接

乞丐餐厅吃饭风波

　　一名顾客在餐厅吃午饭时，看到一个乞丐前来，出于同情，她交给乞丐50元钱，告诉服务员为乞丐点餐，然后离开餐厅上班去了。好心顾客离开后，店长态度大变，不仅对这个乞丐恶语相向，甚至粗暴驱赶。而在场的无论是中国顾客还是外国顾客，多数对乞丐表示了同情，甚至以请这位乞丐同桌吃饭的方式避免他被驱逐，一位女士还忍不住落泪。

小言告诉你

★ 议一议

如果乞丐和你邻桌吃饭时，你会怎么办？

_____

_____

_____

蛋博士的话

当我们生活富足、享受幸福时，别忽视了身边的弱势群体。他们生活艰难而贫苦，他们命运悲惨而无奈。

在他人需要帮助的时候伸出我们的援助之手，春风化雨，让善良和友爱流淌在我们身边。让我们时刻牢记少先队的名言之一：随时准备帮助别人。

请你动动脑筋，寻觅友善"秘方"，再参考其他伙伴的经验，为手拉手"五个一"活动多加些"灵丹妙药"吧！

小枫考考你

手拉手"五个一"

（1）交一个"手拉手好朋友"。

（2）有条件的看望一次小伙伴。

（3）_____。

（4）_____。

（5）_____。

小言告诉你

"手拉手"互助活动开始于20世纪90年代初，由共青团中央、全国少工委联合有关部门共同发起，是少年儿童之间互相通信往来、互助互学、奉献爱心、共受教育的一种实践活动。"手拉手"活动帮助队员在关注自我以及身边的人和事以外，关注社会上更多的人，结交更多的朋友。

请你在学校里找到一位比自己年龄小的"手拉手"伙伴，并在小队里展示交流"手拉手友情卡"书信和照片。

我和小伙伴一起参加少先队_____活动的合影

我的"手拉手"小伙伴是_____中队的_____。
我的友善"秘方"是_____。

粘贴照片

⚙ **故事链接**

心手相牵　爱心无价

奉贤区汇贤中学少先队大队部每年都在团区委和少工委的组织下，开展爱心义卖活动，活动吸引了孩子们的踊跃参与。小小的举动汇聚成巨大的能量，队员们卖出的是商品，收获的是成长和爱心善款。爱心暖"贤城"，一年一度的爱心义卖活动，见证了学子惠心利人的善举。让爱传递，为爱牵手。学校也借此成立校园爱心基金会，用于帮助身边有困难的小伙伴和社区孤寡老人。"给那些需要帮助的人一点温暖"，义卖活动让队员们从小树立关心他人的意识，养成乐于助人、乐于奉献的良好品质。

蛋博士的话　无论外界怎样千变万化，人性的真善美一定不能泯灭，心中有爱最重要。在自己能力范围之内，用"心"传递爱，增加爱心的"附加值"，这样一举多得的友善行动无疑是值得称道的。

★ 记一记

以一个月为期限，坚持开展"手拉手"活动，将印象深刻的活动记录下来，并在集体中交流。

爱心放送记载

日期：_____年_____月_____日

地点：_____

内容：_____

_____

_____

_____

第二节　心手相牵　一起成长

小枫
考考你

★ **情景再现**

　　早晨的校园宁静清新。教室里还没什么人来，只有你在树荫下读书。这时候，小红来到学校，不知怎么回事，脚下踉跄，摔了一跤（恰巧你看到她摔跤，她却没看见你）……

★ **议一议**

> 我不希望别人看到，自己站起来，若无其事地走进教室，避免在别人面前出丑。

VS

> 好痛啊！站都站不起来，好想有个人帮一把啊！

★ **写一写**

> 这种情形下，你会怎么做？为什么？
> _____
> _____
> _____

> 如果你是小红，你希望别人怎样对你？为什么？
> _____
> _____
> _____

蛋博士的话

每个人都有自己独特的经历、品性，因此我们应站在对方的立场上考虑问题，了解别人的处境、感受、好恶、意愿，以恰当的方式表达我们的友善。彼此以善相待，共同进步。

小贤带你游

伸出你的手，伸出我的手，我们手拉着手往前走。请你跟着快乐的音乐一起唱《手拉手之歌》吧！

手拉手之歌

你看那天空格外湛蓝，蓝天下跑来手拉手小伙伴。

你看那长城上下格外壮观，长城上站满手拉手的少年。

城市和乡村的小伙伴，我们是世界的明天。

伸出你的手，伸出我的手，明天的世界属于少年。

我来帮助你，你来帮助我，绝不丢下一个小伙伴，啦啦啦……

"渡远"少年——孙逸歌

奉贤区西渡学校的孙逸歌，善良热情，乐于助人，热心公益。她是西渡街道新南家园社区的一名娃娃楼长。楼道内居住着一位行动不便的独居老奶奶，孙逸歌每周末带领楼道里的小伙伴们一起去老奶奶家，为她整理打扫屋子，陪她聊天。遇到传统节日，孙逸歌包馄饨、煮汤圆、送月饼给老奶奶，和老奶奶一同分享节日的快乐。

★ 比一比

众里寻你——寻找最美爱心队员

我在伙伴们身上学到了 _____

_____

我为他（她）做的一件好事是 _____

_____

最开心的记忆：_____

_____

★ 争一争

嘿！伙伴们，友善章正在向你招手，赶快行动，和我一起加入到"手拉手"活动中来吧！

我完成的体验活动	优秀	合格	需努力
考章记载： 祝贺你通过了考核，获得_____章。			
考章者签名：_____ _____年_____月_____日			

争章要求：

（1）找到身边一名"手拉手"小伙伴。

（2）了解小伙伴的学习、生活状况，帮助他解决一项生活或学习上的困难。

（3）能和小伙伴参加少先队的一项活动。

（4）集体展示交流"手拉手结友情"的书信或照片。

（5）顺利完成争章任务，在整个活动中起到带头引领作用。

第四章

红领巾志愿行

第一节　志愿行动我参与

小言告诉你

从1986年起，每年的12月5日被称为"国际促进经济和社会发展志愿人员日"，简称"国际志愿人员日"。

故事链接

小雨是图书馆志愿服务队的一员，每星期都要到图书馆做整理图书的志愿服务。几次后，妈妈对小雨说："小雨，现在你已经是初一的学生了，学业也很紧张，周末的志愿服务会影响你的学习，有这时间你还不如多看看书，写写作业，你从下周开始不要去了！"小雨心里很为难……

★ 议一议

小雨如果放弃了会怎么样？如果继续去做志愿者又会怎么样？如果你是小雨你会怎

么做呢？为什么？

_____

_____

_____

蛋博士的话　　要想成为一名志愿者可是有具体要求的，比如，有强烈的服务意愿，有参与服务所需的知识与技能，有可以参与服务工作的时间；有可以参与服务工作的健康，有不从服务工作获取任何经济报酬的意愿、条件和认识，等等。

★ **情景再现**

小枫考考你

3月5日是学雷锋日，设立的意义是传承雷锋精神，弘扬人间爱心。但有个敬老院，老人们一上午接待了七拨"学雷锋"的做好事者，被累着了，把老人们折腾得够呛！

★ **议一议**

如果我是那家福利院的老人，我想说_____

_____

_____

如果我是敬老院的志愿者，我会这么做_____

_____

_____

_____

★ 想一想

志愿者行动主题口号

志愿者服务可以根据服务内容的不同分为：

＿＿＿＿＿＿＿、＿＿＿＿＿＿＿、＿＿＿＿＿＿＿、

＿＿＿＿＿＿＿、＿＿＿＿＿＿＿、＿＿＿＿＿＿＿等。

蛋博士的话　志愿者之爱跨越了国界、职业和贫富差距，是没有文化差异、没有民族之分、不论高低贵贱的平等之爱，这种"爱心"和"文明"从一个人身上传递到另一个人身上，最终汇聚成一股强大的社会暖流。

故事链接

志愿从小做起

刘佳敏是奉贤中学一位高二的学生，也是该校"绿橄榄"志愿服务队的一员。自初中开始，他就积极参加学校与社区组织的志愿服务。2013年7月，刚结束中考的刘佳敏来到奉贤图书馆担任志愿者，负责整理书籍。正值奉贤图书馆捐赠1000本书籍至各社区图书馆，刘佳敏与其他几位志愿者一起，将所有出馆图书进行编码入录。原本需要耗时一周才能完成的工作，这一次仅用时三天。他被选为奉贤区优秀志愿者。

小枫考考你

★ 辩一辩

现在有很多关于做志愿者的传言：有人说做志愿者
是学校要求的，不得不去！有人说做志愿者是给老师和同伴留个好印象。
还有人说大学生做志愿者会对将来找工作有帮助！你怎么看待以上传言？

_____

_____

★ 想一想

你想成为哪方面的志愿者？

□ 一对一结对辅导学习　　　　□ 社区小交警服务

□ 参与社会宣传活动　　　　　□ 参与社区的卫生公益劳动

□ 爱心助老活动　　　　　　　□ 校园卫生的维护

□ 校园绿化的护养　　　　　　□ 环保校园行动

□ 学校食堂就餐秩序维持

□ 其他_____

★ 定一定

一起携手组成志愿服务小队吧！制订服务目标和计划！开展志愿者行动！

志愿行动　我参与

我的行动计划：_____

_____

行动见证人（签名）：_____

★ 读一读

宣誓词

我愿意成为一名光荣的青年志愿者。

我承诺：尽己所能，不计报酬，帮助他人，服务社会。践行志愿精神，传播先进文化，为建设团结互助、平等友爱、共同前进的美好社会贡献力量。

宣誓人：_____

_____年_____月_____日

第二节 志愿行动我感悟

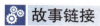 故事链接

一篇来自世博志愿者的日记

今天是我们世博服务的最后一天，虽然很不舍，可这一天还是悄然无声地到来了。这14天所发生的一切的一切都还历历在目，游客们对我们的称赞声还依旧在耳边回响，打开留言本，翻过那一页一页，回放着接待的每一位游客对我们工作的认同和深深的祝福。

今天我们下一班的同志们来到我们的站点进行交接班工作，他们激动，他们也茫然。但我相信他们能像我们一样出色地完成任务。因为虽然14天很短暂，但是经过14天的锻炼会有脱胎换骨的改变。下一班的伙伴们，加油吧！

我会带着这份鼓励继续我的学习生活。我们永远不会忘记这段经历，我们是城市的"蓝精灵"，是天空下那抹最美的蓝色，是城市中最温暖的微笑。虽然我们结束了世博志愿者生活，但我们带着我们的祝福，带着我们的不舍，带着我们的热情开始了我们新的生活，让对世博的热爱和激情继续在我们生活中释放。今天的结束是为了明天新的开始，今后我们会继续书写我们精彩的人生。

★ 想一想

你从这位志愿者的日记中读到了什么？

_____

_____

志愿服务是出于志愿者个人意愿的行动，而非外力的干涉与驱使；志愿者服务是志愿者和被服务者互惠的过程，对志愿者来说还是个人成长和发展的过程。

队员们，经过一个月的志愿服务活动，大家肯定有很大的收获和感悟吧！

★ 说一说

志愿行动　我感悟

我的志愿服务感想：＿＿＿＿＿＿＿＿＿＿＿＿＿＿＿

＿＿＿＿＿＿＿＿＿＿＿＿＿＿＿＿＿＿＿＿＿＿＿＿＿

＿＿＿＿＿＿＿＿＿＿＿＿＿＿＿＿＿＿＿＿＿＿＿＿＿

志愿者签名：＿＿＿＿＿＿

★ 晒一晒

活动掠影
微视频
志愿者服务成果

美丽志愿者

★ 选一选

我们小队的最美志愿者，我们中队的最美志愿者。

★ 答一答

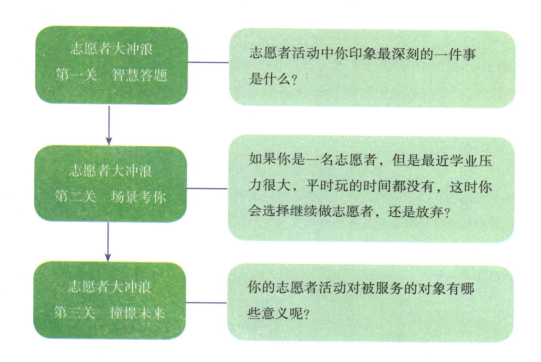

志愿者大冲浪
第一关 智慧答题

志愿者活动中你印象最深刻的一件事是什么?

志愿者大冲浪
第二关 场景考你

如果你是一名志愿者，但是最近学业压力很大，平时玩的时间都没有，这时你会选择继续做志愿者，还是放弃?

志愿者大冲浪
第三关 憧憬未来

你的志愿者活动对被服务的对象有哪些意义呢?

★ 秀一秀

志愿者们，展示一下你们的独门特长吧！并说说这些特长有助于哪些志愿服务。

蛋博士的话

"进步"是从事志愿服务追求的目标，即促进社会的进步和发展，实现人与人、人与社会、人与自然之间的相互关爱、和谐共处。参与志愿工作既是"助人"，亦是"自助"，既是"乐人"，也是"乐己"。

★ 学一学

2018年，按照中央文明办、教育部等5部门关于开展"新时代好少年"学习宣传活动文件精神，奉贤区以强化教育引领、实践养成为主线，广泛开展培育和践行社会主义核心价值观的道德实践活动，涌现出一大批道德实践美德少年，冯羽涵就是其中的代表——志愿奉献贤少年。

2017年10月，一个长发妹妹为白血病儿童爱心捐发的故事成了那个秋天最美丽的童话。这个美丽的女孩用善举在社会上引起了一股爱心捐发的热潮，学校里的其他小朋友也加入爱心捐发的热潮中。在世界志愿者服务日，她走进上海广播电台和白血病儿童一起演出……她说："作为一名小学生，我的力量是微不足道的，但是尽自己的力量帮助白血病患儿就足够了。"

★ 争一争

评价内容	自评（★★）	队员评价（★★）	辅导员评价（★★）	总★★数
参与活动 次数情况				
参与活动 完成情况				
参与活动 考核情况				

争章要求：

（1）能了解什么是"志愿者"。

（2）知道一位国内外志愿者的事迹，与队员交流。

（3）能在志愿服务行动中承担任务。

（4）积极参与志愿行动，能获得队员们的认可。

（5）顺利完成志愿行动任务，坚持志愿活动一个月。

附

录

核心价值观教育背景下培养少先队员道德思维的课程开发情报综述[①]

上海市奉贤区教育学院　戴宏娟

传统的德育活动往往是"知行比思维更重要"，而人的道德行为方式受道德思维水平制约和支配，没有"思维"的、死"知行"的学习活动是没有实际效果的。人们只有在明确和掌握道德思维规律的情况下，才能更好地用它来指导社会道德教育和个体的道德修养。如何把社会主义核心价值观的相关元素融入对广大学生的教育过程、融入学生的核心素养培育之中？在解决青少年儿童的道德问题中，道德思维致力于提供一种思路，帮助解决道德难题，从而在整体上促进社会主义的和谐发展。

一、"道德思维"的理论研究

（一）国外研究成果

1. 劳伦斯·科尔伯格的道德两难认知法

劳伦斯·科尔伯格（1927—1978），沿着皮亚杰（1896—1980）研究儿童道德判断的路线，提出道德两难认知法。该方法的关键在于以道德两难故事为基本材料，让儿童对故事中的道德问题进行讨论并回答围绕该故事提出的相关问题，以此促进积极的道德思维，从而促进其道德判断的发展。

---

① 此文 2015 年获得由上海市教科院普教所、《上海教育科研》编辑部、《上海教育情报》编辑部联合举办的长三角地区情报综述评比一等奖，并发表于《上海教育情报》2015 年第 4、5 期专题论坛栏目，50–55 页。

分析：道德两难认知法，是科尔伯格重视儿童道德判断推理能力发展的具体表现。在他看来，"儿童道德成熟的标志是他做出道德判断和提出自己的道德原则的能力，而不是遵从他周围的成人的道德判断能力"。因此他把道德教育的目的定为促进道德判断和道德思维能力的发展。

2. 马修·李普曼的儿童哲学论

20世纪中后期，美国学校教育出现了一系列的问题和困惑。1983年4月，美国高质量教育委员会发表题为《国家在危险中：教育改革势在必行》的重要报告，客观地反映了美国社会对教育、对国家前途命运的担忧和迫切的教育改革愿望。在这一背景下，马修·李普曼的儿童哲学在美国得以迅速发展。

分析：在李普曼看来，道德教育问题的关键在于道德教育的目的错位、内容与儿童生活经验脱节、教学方法形式化和简单化。学校道德教育的问题在于德育偏移了儿童的主体地位，淡化了儿童道德思维训练和能力培养在儿童道德形成中的重要作用。

3. 霍华德·加德纳的道德思维观

道德思维能力比条理性思维、综合性思维、创造性思维、尊重思维更抽象化，体现了劳动者怎样才能为了个人利益而工作，公民怎样才能无私地为大众谋福利。加德纳指出："道德思维能力并非说，霍华德·加德纳应该如何对待他人，而是说我是一名老师、作家、科学家，同时我也是公民，是我任教的大学、生活的社区、我的国家，乃至全世界中的公民，在这些角色中我该如何行为处事。"

分析：加德纳所谓的"优良工作"包含了美德、责任感和道德感。可见，道德思维思考人的劳动本质和他所生活的社会的需求和欲望，反映的是各种不同的角色在道德生活中不同的价值思考。

评述：李普曼的儿童哲学及其学校道德教育理论和实践到20世纪末，已经在世界范围内形成了学习、研究和推广实验的热潮。随着社会开放带来的各种观念的相互激荡，当前我国学生的道德实践也和20世纪中后期的美国一样存在诸多困惑，这与国内道德思维研究的薄弱有一定关系。当下中国社会，人面对的挑战就是如何把美德、责任和道德结合起来运用。因而，促进道德思维培养的研究，引起了国内教育界、学术界的广泛关注，科尔伯格、李普曼、加德纳关于道德思维的观点正是这些研究的理论基础。

（二）国内研究现状

1. 湖南师范大学伦理学研究所唐凯麟的《道德思维引论》

2002年，唐凯麟所著的《道德思维引论》指出："道德思维"是人类思维活动的一种相对独立的特殊形式，可以从以下三方面去理解、把握这个概念："人我类同"是其结构模式，"情理交融是其理性特征"，"知行合一"是其价值把握方式。

分析：该文在把握道德思维的内涵方面对本课题研究起着很大的指导作用。在唐凯麟看来，揭示道德思维的特殊性，是完善道德内部的调适机制、激发人们的道德需求、促进个体道德人格完善和社会道德发展的重要条件。

2. 湖南师范大学黄富峰博士的《论道德思维》

2003年，黄富峰博士的《论道德思维》阐明：道德思维是人们以追求生存的应该和生命之善为内容和目的的一种特殊思维方式，是根据道德感知而进行的理性思考和推理，是对道德现象的本质、特征、内部联系和发展规律的认识过程。

分析：黄富峰从人的特殊思维样式——道德思维入手，提供了透视德育低效问题的一个新视角，也有助于课题组更好地把握道德思维特点。

3. 贵州师范大学张宏杰的《论未成年人道德思维培养》

2007年，张宏杰的《论未成年人道德思维培养》，通过分析道德认知的困惑与道德实践发展的矛盾统一，揭示道德思维发展的内在动力。该文还通过对道德思维的形式分析（道德逻辑思维、道德直觉思维、道德实践思维）来论证道德思维的培育，最后从道德选择能力、道德反思性思维、辩证思维能力三方面论述了道德思维能力的培育。

分析：张宏杰认为道德思维在人类的道德实践、道德教育中起着核心作用，不断提升未成年人的道德思维水平，增强其道德判断和道德推理能力，是提高道德认知、道德实践能力的基础。他的研究成果有利于我们更好地从青少年的特点来挖掘道德思维的内涵，拓展道德思维的外延。

评述：无论是唐凯麟、黄富峰，还是张宏杰，都率先在国内开始了道德思维的研究，尤其是张宏杰的《论未成年人道德思维培养》，作为目前唯一一部结合未成年人特征的道德思维理论研究，对本课题研究提供了一定的理论参考。

二、"道德思维"的培养实践

在中国基础教育期刊网输入"道德思维"这个关键词，从1994年到2015年间，显示出109条信息。笔者搜索了涉及"道德思维"培养的文章，经过梳理，基本分为两类：一类是理性思考，一类是学科实践。

（一）侧重理性思考的主要观点

（1）中学生道德判断能力具有发展性特点，引导青少年道德心理发展时应考虑其年级和性别特征。

分析：肖三蓉、徐光兴等博士和教授联合撰文的《中学生道德判断能力的发展特点》，从道德思维中的道德态度和认知结构两个方面来了解青少年道德判断能力的发展状况。文章指出：随着年级的升高，中学生道德判断能力的发展呈螺旋式上升；中学生道德判断能力发展的关键期是初二和高二年级；中学生道德判断能力的发展具有性别差异，女生的道德判断能力高于男生。

（2）"回归自然""回归社会""回归生活"是培养学生的道德思维灵感，训练道德思维习惯，提升道德思维品质的实践路径。

分析：杨金森撰文的《培养中学生道德思维的理性思考》，对道德思维培养的重要性做了理性阐述，并根据德育规律，建议让学生"回归自然""回归社会""回归生活"，在实践中培养学生的道德思维灵感，训练道德思维习惯，提升道德思维品质。

（3）在社会多元文化的冲击下，应坚持学生主体性的发挥，将"人我类同"思维和道德辩证思维重点培养。

分析：2008年，杨静《多元文化背景下学生道德思维能力的培养》指出，在当今社会多元文化的冲击下，学生主体和学校自身陷入了德育困境，表现为学生面对冲突时无从选择。归因得出：学生道德思维水平不高，学校的德育方式有欠缺，建议将学生道德思维能力培养作为重点。

（4）少年儿童的道德思维基本上完成了由他律道德向自律道德的转化，少部分存在着明显的差异性。

分析：2010年，王琰撰文《少年儿童从他律到自律的道德思维特征探析》，指出：我国少年儿童从他律到自律的道德思维发展呈现出以下特征——在公正观念上的可逆性推理思维已形成；"去自我中心"的道德思维凸显；已能从主观动机出发，用平等或不平等、公道或不公道等标准来判断是非；大部分具有了真正的自律的道德，也有少部分仍处在由他律道德向自律道德的转化中，这种转化不一定迅速和完整，或多或少地表现出与他们年龄不相符的道德思维和道德认识。

（5）提高学生的道德认知水平是学校德育工作的主要任务之一。

分析：宁夏同心县同心中学的马志刚《发展学生的道德认知》强调：道德认知是指

对现实道德关系和道德规范的认识，包括道德印象的获得、道德概念的形成和道德思维能力的发展等。该文强调：通过道德思维训练来提高道德认知。当前多元文化的背景冲突下，广大少年儿童的价值观、道德认知确实存在着一定的混乱。原因之一是忽略学生的道德思维活动过程，我们要敢于真正面对学生现实生活中遭遇的矛盾冲突，真实剖析学生的真实想法和困惑。

评述：上述有关道德思维培养的观点主要运用当前国内道德思维论的成果强调对学生进行道德思维培养的意义，其中的学生心理、思维特点分析，对本课题在开发序列性的符合学生特点的少先队活动课程有一定的帮助，但还是缺少具体的实践范式或方法。

（二）侧重学科教学的实践探索

与中小学生道德思维培养相关的文章集中体现在思想品德课教学中，比较有借鉴意义的有：

（1）四川双流太平镇初级中学刘阳的《在价值辨认中促进中学生道德思维能力的发展》，叙事生动，说理简明扼要，值得广大德育工作者尤其是班主任教师在日常的德育管理中借鉴学习。

（2）安徽淮南市八公山区一中王炬辉的《中学思想政治课必须重视道德思维能力培养》，对中学思政课培养学生道德思维能力的策略和方法及应注意的问题提出了自己的看法和建议，在操作层面可供广大思想政治课教师参考。

（3）浙江温州市永嘉县实验中学王国志的《"道德两难讨论教学法"在中学德育课中的运用》，通过道德两难问题的事例引起学生道德认知冲突，激发学生进行积极的道德思维，刺激学生道德认识结构的改变，以增进学生解决道德问题的实际能力。

（4）江苏泰兴市洋思中学季淑先的《浅探思品课中学生思维能力与品德形成的有效统一》，注重学生的独立思考和生活体验，引导学生自主学习，学会思考，主动探索社会现实与自我成长的问题，促进了学生思维能力与良好品质的形成。

（5）江苏吴江横扇小学徐栋的《基于道德难题的主题班队课转型——以"我该不该去扶老人"为例》，是迄今为止唯一看到的结合详细课例，利用道德矛盾促进学生道德思维品质的经验论文。

（6）江苏镇江第十中学张建老师的《给学生一把"金钥匙"——对初中思品教学中学生思维能力培养的思考》，从多角度激发学生思维的兴趣、多层次构造学生思维的空间，为学生思维能力的提升进行了积极的探索。

（7）贵州省仁怀市第二中学的母应洪在《中学思想品德对学生思维及其道德能力的培养》中，从学科知识传授的角度，建议把传统的知识储备式教育转变为智力开发式教育，重视学生思维能力的培养。

评述：很欣喜地看到上述论文在道德思维培养上进行了一定的实践探索。思想政治课教学和主题班队教育，都有通过说理发展学生的道德思维，从而达到教育目的的特点。但上述实践探索还是缺乏一套反映道德学科特点的专业方法，缺少以发展道德思维为使命的说理方法和道德思维培养的详尽案例和课例，来自小学阶段（绝大多数少先队员）的研究实践更少。

三、相关课程现状和文件要求

（一）德育课程建设

上海的德育课程建设处在全国领先地位，与本课题研究相关、可借鉴的研究成果有：

（1）原上海儿童研究中心主任杨江丁在《德育校本课程建设应更加开放》中指出：德育课程建设应更好地突出民族文化传承以及与时代发展的呼应，在德育校本课程建设上可以从以下三方面进行突破：突破学科模式，努力体现实践性特征；突破学校局限，努力实现校本课程的资源整合；突破传统思维，努力创造校本课程的多样化方式。

分析：当下社会主义核心价值观教育和传统文化教育是时代的主题，也是当前德育的热点问题。该文首先从德育课程的总体设计上给本课题的研究带来启发；其次，作者三个突破的观点也为本课题在少先队活动课程的开发路径和实施方法上提供了思路。

（2）上海师范大学附属外国语中学将当代学生生活中经常遭遇的道德问题压缩和集中，建构《立足"遭遇"的德育课程》，开展系列主题班会，推进德育课程建设，等等。

分析：该课程通过活动化、情景化、虚拟化的手段，还原学生遭遇的问题，以思考讨论和反思，帮助学生获得情感的体验，这种贴近学生生活实际、着眼于学生反思的德育课程开发对本课题如何在少先队活动课程开发中设置道德思维培养内容具有一定的指导意义。当然，该课程针对高中学生，在学习借鉴时，我们还得考虑"少先队员"这一研究对象特殊的生理、心理和思维特征。

（3）上海市杨浦区六一小的师生和家长开发的家校互动式的儿童哲学微课程，设立"人与自然篇""人与自我篇""人与社群篇"三大内容，学校、家庭、社会三者共同构建适合孩子成长的良好环境。

分析：六一小的《儿童哲学》的内容与本课题拟开发的"爱国篇""敬业篇""诚信篇""友善篇"貌似关系不大。但是，"道德思维"是个哲学概念，六一小的课程内容也涉及哲学，两者有互通之处。所以，该课程在遴选、细化课程的章节内容方面还是能为本课题提供借鉴和帮助的。

（4）张人利指出，目前德育课程遇到的主要问题有：①教材中的教育资源不够鲜活；②教材上要教育的，学生不一定需要，学生需要的教材中没有；③教材中的教育资源常常不是学生自己身边发生的事情；④学校开设了许多拓展型、研究型德育课程，搞了许多活动，但是学生不一定喜欢。

分析：针对上述德育课程中存在的诟病，本课题研究希冀能准确把握道德思维的内在规律和特点，寻求少先队活动中队员们感兴趣的教育内容，开发课程资源，丰富少先队活动，解决他们对社会道德现状存在的诸多困惑，为我们的少先队教育实践寻求最优化方案，让我们的德育工作真正有个落脚点。

评述：德育低效问题是世界各国教育的普遍问题，如何让原有零散的、临时的、应景的、形式化的学校德育活动，通过整合，转换为指向明确的、有持续作用的、能有效评估的课程？让德育课程化是突破学校德育工作瓶颈的一个方向。少先队活动的课程化建设正是推进德育有效性的一项有益探索和尝试。

（二）少先队活动课程建设

（1）2012年12月6日，中共上海市教育卫生工作委员会、上海市教育委员会联合印发《上海市学校德育"十二五"规划》（沪教委德〔2011〕59号）。该规划要求"进一步强化社会主义核心价值体系对学生思想的引领作用，增强学生多元文化沟通鉴别力……德育课程的吸引力、感染力有待进一步提高……要加强中小学精品德育课程建设项目"，等等。

分析：少先队工作是德育工作的一部分，德育课程建设离不开少先队活动课程，核心价值观教育背景下发展队员道德思维的少先队活动课程的开发研究是符合《上海市学校德育"十二五"规划》要求的。

（2）依据《关于推进少先队活动课程建设的通知》（中少办发〔2013〕3号）文件，少先队上海市工作委员会办公室《关于推进上海少先队活动课程建设的通知》（沪少委办

〔2013〕10号）要求"把少先队活动课程落实到教育部门课程文件和中小学课表上"。

分析： 全面建设中小学少先队活动课程是全国少先队工作的重点。早在2014年初，我们就开展了本区少先队活动课程开展情况的初步调查，发现当前的少先队活动主要还处于依托拓展型、探究型课程的状态，活动的开展多数依赖学校德育处的工作布置，各学校还没有形成系统的、完善的少先队活动课程实施方案。因此，如何充分利用每周一课时的少先队活动，开发、创新少先队活动课程内容，发挥少先队组织的阵地作用，这是少先队教育工作者亟待解决的问题。

（3）2014年10月，全国少工委召开少先队学科和活动课程建设研讨会，时任团中央书记处书记、全国少工委主任罗梅指出：要努力构建少先队活动课程体系。少先队活动课程的主题要更加鲜明、目标要更加科学、内容要更加集中，特性要更加突出，元素要更加丰富……

分析： 罗梅的讲话表明了党中央对少先队工作的新希望、新要求，为本课题研究带来了更专业的指导意见。本课题研究将更多考虑少先队组织特点、队员特点，融合信仰启蒙、组织意识、道德观念、行为规范等教育内容，以道德思维的培养为抓手，发挥少先队特有标识、仪式、文化对核心价值观教育的独特作用。

评述： 当前的少先队活动课程总体上还处于无序、拼凑的"大杂烩"或"拼盘"状态。希望通过本研究，设计出有整体思考、一定序列的带有"成长取向、信仰萌发、政治启蒙、组织意识"等体现少先队专属特征的活动课程，以供区域各学校借鉴操作，同时，也希望区域课程建设的经验能为其他区域的少先队活动课程建设提供帮助。

（三）核心价值观教育背景

（1）2014年5月4日，习近平总书记在北京大学考察时指出"青年要自觉践行社会主义核心价值观"。5月30日，在北京市海淀区民族小学主持召开座谈会时发表《从小积极培育和践行社会主义核心价值观》，强调少先队要"开展组织教育、自主教育、实践活动，更好为少年儿童培育和践行社会主义核心价值观服务"。

（2）2014年10月11日，前国家副主席李源潮在与少先队工作者和少先队员代表座谈时说"让社会主义核心价值观成为引导少年儿童健康成长的星星火炬"，少先队要切实增强社会主义核心价值观教育的民族传承性、时代进步性、教育针对性、思想有效性。

分析： 社会主义核心价值观是中国特色社会主义的本质体现。少先队组织是中国特色社会主义事业的战略预备队，其根本任务之一是抓好少年儿童思想品德教育和精神素质培养。习近平总书记从公民个人的价值准则角度提出了"爱国、敬业、诚信、友善"，这本身就是公民道德建设主题的核心要素，也是本课题研究中课程开发的基本内容，而李源潮则为课程实施的基本方法提供了很好的思路。

（3）2014年4月，教育部颁发《关于培育和践行社会主义核心价值观进一步加强中小学德育工作的意见》（教基一〔2014〕4号），指出："要准确把握规律性，改进中小学德育的关键载体，改进课程育人，……将社会主义核心价值观的内容和要求细化落实到各学科课程的德育目标之中"，并从时代性、规律性、实效性三方面对如何进一步增强中小学德育提出了意见。

分析：根据该意见，本课题研究将根据不同年龄段少年儿童的特点有序列地开发少先队活动课程，以区本少先队活动共享课程中的"爱国篇"设计为例，1~2年级为"五旗"教育、3~4年级为榜样教育、5~6年级为乡土教育、7~9年级为信仰教育，深入开展分层教育。同时，借助课题研究，有层次地开展各类活动：少先队精品课程展示活动、教研活动、辅导员课程开发能力培训活动等。

评述：习近平总书记和前国家副主席李源潮的重要讲话和教育部意见，犹如一座风向标，为我们兼顾少先队的组织教育、自主教育、实践活动等形式，传承和吸收优秀传统文化对社会主义核心价值观教育的当代价值，深化少先队工作指明了方向。拟定了两大研究措施：①开发区本少先队活动共享课程，拟定"爱国篇、敬业篇、诚信篇、友善篇"四个篇章；②编撰区域学校优秀少先队活动课程方案集锦，拟定"核心价值观践行""民族文化传承""好习惯培养""绿色希望工程"四大内容。

四、综述小结

从上述文献梳理中，我们可以得出如下几个结论：

（1）尊重学生主体地位，促其主动判断、正确选择的道德思维培养，是学校道德教育的方法取向，也是当前道德教育发展的基本方向。有关道德思维的理论研究成果较多，尤其是近几年，这方面的研究成果比较成熟。但是，国内学者对道德思维的研究大多停留在翻译、介绍西方研究成果这一层次上。在实践层面，鲜见具有时代特征和中国特色的对学生进行道德思维训练的本土化、系统化的研究和典型案例。即便有，也是集中在思想品德教学中，学校团队教育及德育课程尤为少见。

（2）准确把握当代发达地区广大青少年儿童的思想脉搏、把握少先队员的道德思维特征，有助于提高德育实效。7~15岁的广大青少年儿童处于人生成长的关键过渡期，处于自我意识形成、发展和定型的重要阶段，他们思想活跃，敏感于新思想、新事物，这一时期形成的道德观对他们今后的人生发展会产生重大影响。在上海这样一个多元文化相互交融的经济发达地区，对这一时期少先队员的道德思维具有哪些新特点，缺乏具有时代性和区域性的调查研究。他们的道德教育如何定位，我们的教师和学校面临怎样的机遇和挑战，都是亟待研究的现实课题。

（3）以少先队活动课程建设为载体，紧扣社会主义核心价值观教育这一时代背景，对少先队员的道德思维活动进行有效研究，是道德教育领域值得研究的重要课题。目前，对中学生道德教育路径的研究成果较丰，但也存在值得关注的问题。如何另辟路径，让德育活动课程化？少先队活动课程建设作为当前少先队工作的热点和重点，正处在起步和探索阶段，主题明确的已成系列的优秀成果也比较少见，所以本课题研究在一定程度上对少先队活动课程建设是一种补充。

总的来说，培养少先队员道德思维是践行社会主义核心价值观的重要抓手，是解决当前少先队教育低效的重要尝试，有利于进一步丰富道德教育理论。

在现代社会的市场经济旋涡中，谁能坚守理性而不盲从，谁能学会选择而不随波逐流，谁就是胜者。青少年的价值取向决定了未来整个社会的价值取向，本课题研究旨在把握少先队员道德发展动向，开发系列蕴含道德思维训练的区域少先队活动课程，探索出培养青少年道德思维的方法。同时以推广区域少先队活动课程的经验成果为契机，反过来进一步促进队员知情意行协调发展，提升队员的道德思维品质，从而推进青少年社会主义核心价值观的有效践行，这也是本课题研究的原点。

参考文献：

[1] 唐凯麟.道德思维引论［J］.湖南师范大学社会科学学报，2002（2）.

[2] 黄富峰.论道德思维［J］.道德与文明，2002（4）.

[3] 张宏杰.论未成年人道德思维的培育［D］.贵阳：贵州师范大学，2007.

[4] 肖三蓉，徐光兴，王挺.中学生道德判断能力的发展特点［J］.教育学术月刊，2012（9）.

[5] 杨静.多元文化背景下学生道德思维能力的培养［J］.教育教学研究，2008（6）：105-106.

[6] 王琰.少年儿童从他律到自律的道德思维特征探析［J］.教育理论与实践，2010（7）.

[7] 李源潮.让社会主义核心价值观成为引导少年儿童健康成长的星星火炬［N］.人民日报，2014-10-11.

［8］黄富峰.德育思维论［M］.北京：人民出版社，2006.

［9］杨江丁.德育校本课程建设应更加开放［J］.思想理论教育，2009（20）：47-50.

［10］鲁明.新世纪应有的新思维［J］.初中生必读，2010（Z1）：1-2.

［11］杨金森.培养中学生道德思维的理性思考［J］.中学政治教学参考（上旬），
　　　 2002（2）：9-11.

［12］王国志."道德两难讨论教学法"在中学德育课中的运用［J］.中国校外教育
　　　 （理论），2007（5）.

［13］季淑先.浅探思品课中学生思维能力与品德形成的有效统一［J］.考试周刊，
　　　 2008（33）.

［14］马志刚.发展学生的道德认知［J］.学苑教育，2011（21）.

［15］徐栋.基于道德难题的主题班队课转型——以《我该不该去扶老人？》为例［J］.
　　　 中国德育，2014（6）.

奉贤区少先队活动课程建设的主要问题及对策[1]

——基于调查问卷的统计与分析

上海市奉贤区教育学院　戴宏娟

全面实施中小学少先队活动课程建设是近年来少先队工作的重点。上海市奉贤区的少先队活动课程在普及的基础上已有了不少创新。但在实施的过程中，我们也发现了一些需要进一步优化和完善的方面。通过对区域各学校少先队活动课程的内容、保障以及评价等实施情况的调查，2015年起，我们进行了《社会主义核心价值观教育背景下培养少先队员道德思维的课程开发与研究》，我们深入了解了存在的问题，分析了原因，为区域层面优化少先队活动课程建设提供依据。

一、调查对象与方法

我们以上海市奉贤区47所学校（公办小学17所、民办小学3所、初中9所、九年一贯制学校18所）为调查对象，下发问卷。调查内容分为宏观和微观两类，宏观内容关注学校少先队活动课程建设情况，微观项目侧重于少先队活动课程科目呈现情况。我们共计下发问卷47份，回收率100%。通过调查，我们发现当前少先队活动课程存在的主要问题如下。

问题一：少先队活动课程的实施方案缺乏整体建构

奉贤区各校都开设了少先队活动课，但还处于比较凌乱、被动的状态，缺少对少先

---

① 此文发表于《辅导员》（CN11-1333/G4）2017年1月上，《理论探索》栏目，31-32页。

队活动课的整体规划和科目化，以及系统、完整的少先队活动课程实施方案。对少先队活动课程有整体设计和实施方案的学校只占11.7%。

问题二：少先队活动课程的实施内容和路径"队性"体现不足

奉贤区少先队活动课程内容中，文化节庆活动占21.3%，乡土文化传承占21.3%，艺术修养熏陶占17.0%，专业技能培养和健体益智系列占8.5%，其他类占10.6%，而"品德教育养成"类课程占21.3%。这些数据表明，少先队活动课程中体现少先队组织职能、少先队教育特征的内容明显不足。大部分学校少先队活动课在设计时没有凸显少先队的特殊性质。各学校少先队活动课程的实施路径还比较单一：拓展型课程占59.6%，社团项目型占29.8%，品牌特色型占25.5%，实践活动型占19.2%，微型课程占14.9%，少先队主题队会只占10.6%。

问题三：辅导员对少先队活动课程的认知存在偏差

在"少先队活动课程实施主体"方面，调查数据显示：辅导员的认知存在误区，42.6%的辅导员认为少先队活动课程的实施主体是学校有特长的教师，21.3%的辅导员认为是中队辅导员，17.0%的辅导员认为是少先队员。可见，辅导员对"少先队活动课程的开发和实施是双主体"认知不足。还有不少新上岗的辅导员误将少先队活动课作为学校安排的课堂教学完成，忽略了少先队活动课程实施的时间和空间广泛，可在课内外、校内外进行的特点。

问题四：当前少先队活动课教育内容的难点在"道德判断"的培养上

有关《少先队活动课程指导纲要（试行）》分年级建议中"养成道德好习惯"这一教育内容的调查显示：19.15%的辅导员认为开展"日行一善"活动最难，14.89%的辅导员认为开展"学会平等沟通交流"活动最难，而认为开展"学会道德判断"活动最难的辅导员多达44.68%。因此"学会道德判断"是少先队活动课进行道德好习惯培养的难点。

二、调查的反思与建议

为推进奉贤区少先队活动课程系统化、科学化和常态化发展，我们提出如下对策：

（1）系统指导，树立典型。以区域少先队辅导员培训为抓手，对广大辅导员的少先队活动课程开发和实施能力进行培训，引导他们做好科学规划、争创品牌特色，并从具体的操作步骤上进行指导。对区域内比较成熟的特色少先队活动课例进行整理汇编，大力推广优秀的课程开发和实施经验。

（2）资源共享，共同开发。发挥区域少先队研究中心组的力量，开发《道德思维加油站》区本共享课程，寻找道德思维和少先队教育理论的契合点，引导队员理性思考，提升社会主义核心价值观教育的有效性。

（3）实地观摩，定期研讨。定期组织开展优秀少先队活动课示范和相关研讨活动。通过实地观摩，引导辅导员进一步明确少先队活动课的多种表现形式，以及日常型、操作型和说理型的特点。

（4）制度保证，评价科学。在少先队活动课程建设过程中，形成《奉贤区少先队活动课程建设指导意见》，送交有关行政部门征求意见，进而通过文件、会议等形式，进一步明确少先队活动课在学校课程中的性质和地位，以保障少先队活动课程的科学实施和评价有章可循。

区域少先队员思想现状的调研分析[①]

上海市奉贤区教育学院　戴宏娟

培育和践行社会主义核心价值观，是推进中国特色社会主义伟大事业、实现中华民族伟大复兴的中国梦的战略任务，习近平总书记多次指出培育和践行社会主义核心价值观要从小抓起、从学校抓起，要适应少年儿童的年龄和特点，"开展组织教育、自主教育、实践活动，更好为少年儿童培育和践行社会主义核心价值观服务"。在解决道德问题的过程中，道德思维致力于提供一种思路，帮助解决道德难题。区域少先队活动课程的调研显示，当前少先队活动课教育内容的难点在"道德判断"的培养上，因此，把握好少先队员成长过程中遭遇的矛盾冲突和思想困惑，是关键基础。

根据社会主义核心价值观个人层面的准则要求，课题组从道德认知、道德情感、道德判断、道德意愿等方面，设计了一些涉及道德冲突矛盾及道德两难的选择题（见附表1），开展了相关调研。

附表1　问卷的主要内容框架

内容类型	爱国	敬业	诚信	友善	涉及校园暴力的开放题
题目范围	1~4题	5~7题	8~12题	13~17题	1题

一、内容分析

此次调研，以问卷为主，兼顾部分访谈。选取小学、初中、九年一贯制三种不同类型的学校，涵盖区域中心城区、近城区及边远乡镇，以3~9年级的少先队员为调查对

---

① 此文发表于2020年7-8月上《辅导员》（CN11-1333/G4）杂志《微论坛》栏目，第22-25页。

象，对部分少先队员进行了抽样调查，共发放问卷1700份，收回有效问卷1645份。主要情况如下。

（一）爱国情怀浓厚，但随着年龄增长不那么注重形式

1. 区域少先队员有着浓浓的爱国情怀

96%的少先队员对升旗仪式上的唱国歌感到无比自豪，认为这是必需的。在"对学校仪式教育的看法中"，许多小学队员觉得非常难忘，座谈中特别提到国庆大阅兵带来的震撼。但也有部分中学队员认为，爱国心藏在心灵深处即可，不必过分拘泥于小节，如唱歌声音的大小等。

2. 随着年龄增长，中学段的少先队员爱国情感表现得较为理性

在"是否乐意去日本旅游"的回答中，大多数队员都从现实出发，做出较理性的选择。其中，36.1%的小学队员选择了"讨厌日本，让父母改地方出行"，25.5%的中学队员选择"改地方出行"。相对而言，小学段的队员更偏重情感判断，思想单纯，中学队员则能比较理性地对待历史与当下。

3. 爱国情怀浓重，但受社会多元价值思想影响，中学段的少先队员偏向现实利益

在回答"有重大灾难发生时，你对人民子弟兵冲在第一线的看法"时，绝大多数队员均能认同军人的英勇行为及他们的价值选择。但也有4.0%的中学队员认为他们这样做不值得。再以心目中的榜样为例（见附图1和附图2）：在对偶像人物的选择上，传统的雷锋式正面人物，小学达56%，中学达36%；创新人才，小学达7%，中学则达24%；"屌丝"型人才等，小学达3%，中学则8%。由此可见，少先队员身处多元价值并存的社会，随着年龄的增长，面对可以望见的现实利益和"虚幻缥缈"的英雄气概，由于其心智发展的不成熟和不稳定，很有可能直接导致其对诱惑性的思想、观念和行为缺乏冷静的自控力，对失范的价值冲突缺乏理性判断。

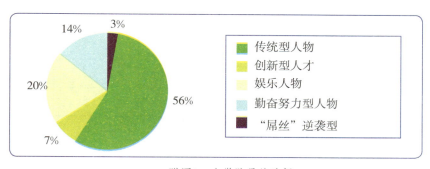

附图1　小学队员的选择

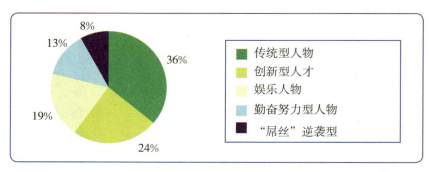

附图2　中学队员的选择

（二）岗位责任意识较好，但认知与实践有差距

　　课题组重点从岗位责任意识等方面了解队员们的"敬业"情况。在"老师让你帮忙为中队集体做一些事情，你会怎么做？"的回答中，绝大多数中小学生选择了努力去做和尽力去做，说明大多数少先队员的岗位责任意识强烈；但在后面设计的"发现教室的门窗或者课桌椅损坏之后……"等情境问题中，选择"事不关己，视而不见"的高达20.8%；被问及"刚结束一次集体性文娱活动，教室留下许多的纸屑和垃圾，作为值日生的你会怎么做"时，28%以上的中学队员渐渐开始找理由、找借口逃避一些本该属于自己的工作职责（见附表2）。数据再一次说明中小学阶段，队员责任意识存在差异，特别是到了中学阶段，岗位责任意识随着年龄的增长而呈下降态势，队员道德认知落实到道德实践反而表现得不如小学阶段，一些美好的道德品质如主动爱护公共财物、关心集体在逐渐丧失。

附表2　作为值日生的行为

内容选项	小学（%）	中学（%）	总计（%）
积极、认真地打扫，很有成就感	94.9	71.8	83.35
无所谓，随便打扫一下	4.3	20.3	12.3
觉得倒霉，趁老师和同学不注意，溜走	0.4	5.2	2.8
怕累，装病，逃避打扫	0.1	1.2	0.65
其他	0.3	1.5	0.9

（三）能诚信待人，但对他人的不诚信行为明哲保身

1.伙伴和社会交往中，诚信意识较强

　　从问卷调查结果和座谈情况来看，大多数队员都有很好的诚信意识，遵守社会公

德、秩序。答应别人的事情，有81.9%的队员选择尽力做到；着急坐车时，79.35%的队员能按顺序排队，只有2.85%的队员选择了耍小聪明、插队等投机取巧的行为。

2. 看到不诚信行为，明哲保身居多

在回答"如果看到一些不诚信、不文明的现象，你一般采取何种态度？"时，有近一半的中学段队员选择明哲保身。当不文明、不诚信的行为发生在自己亲朋好友身上时，选择沉默的人数更是急剧上升，有近36.8%的人选择"不告发，教育朋友改一下"，21.6%的人选择"不告发，与己无关"。总体来说，当前少先队员个人的诚信意识较高，但面对不诚信的行为，往往还是睁一只眼闭一只眼。

（四）能友善待人，但对身边亲近的人反而比较粗暴

1. 友善待人，力所能及地帮助需要的人

对于"公交车让座"这样的社会公德问题，有85.2%的小学生和79.9%的中学生选择主动让座。对于"参加学雷锋活动"，有89.1%的小学队员和69%的中学队员选择积极参加。从最新的调研情况看，2018年区域少先队员还出现过剪了自己的翩翩长发援助白血病患者、2020年初捐出4000多元压岁钱支援武汉的典型事迹，这都说明少先队员们能友善待人，愿意参加爱心公益活动。

2. 情绪管理不够，存在随意发泄现象

大多数少先队员们对待陌生人较客气、礼貌，但对待身边的亲友甚至师长有时会显得粗暴、蛮横。问卷中，80%以上的学生表现出能"理解父母的爱和辛苦"，只是日常生活中，不能很好地控制自己的情绪和心态，亲子相处和沟通的技巧有待提高。

（五）人际关系会影响道德思维，道德问题处理上青少年还需要道德智慧

（1）回答"校园暴力"情境题的队员大多数选择"报告老师"；选择"路过，装作没看见"的人数与选择"见义勇为"的持平；少部分选择"事后安慰"。选择"见义勇为"者，小学队员较多的是"大声呵斥"或"讲道理"，而中学队员多为"主动上前""以暴制暴"。可见，随着年龄的增长，中学队员在处理道德问题时自信心不断增强，但心智还不够成熟，还需要一定的方式方法。

（2）在此情境题中，选择"路过，装作没看见"的理由大致如下：一是那些人都不认识，跟自己没关系，不要多管闲事，如果是我的同班同学或者是好友，那我就要好好考虑考虑，这说明青少年的道德思维方式容易受道德情境中人际关系的影响。随着年纪增长，人际关系对道德思维方式的影响逐渐增强。二是怕被大个子的高年级同学"报复"，这说明在帮助他人与保护自己的博弈中，队员们已经在思考判断，是保护自己最

重要还是帮助他人更重要。

二、主要结论

根据上述调查内容的分析，课题组得出两大结论。

一是青少年的德行成长往往容易表现为情绪化的道德思想和行为。近年来，各地各部门积极培育和践行社会主义核心价值观，对促进青少年的健康成长起到了很好的导向作用。但是，在社会不良风气、道德实践受挫、多元价值观冲击的情况下，少先队员的德行成长还是容易出现情绪化的不稳定的思想和行为。

二是知行合一方面，中学段的少先队员相比小学阶段而言，考虑问题和行为选择已经不再简单化。比如，"看到老奶奶摔倒了"，选择"立刻上前，扶起老奶奶"的小学队员占比85.2%，中学生占比56%；选择"路过"的小学队员占比1.4%，中学生占比14%。访谈中，一位队员提出"如果我扶了老人，然后他诬赖我，老师你能帮我解决问题吗？我妈妈说，多一事不如少一事"。再如，关于诚信问题，队员们都知道考试不能作弊，在明知不应该这么做的情况下，还是会有人铤而走险。类似这种原有认知和实际行为出现偏差、自我需求和社会要求不统一的现象，初中段的少先队员比小学段明显增多。

三、思考与建议

青少年道德思维的形成和功能的发挥不是一件轻而易举的事，是一项复杂的系统工程。发挥少先队教育鲜明的政治属性、独特的组织优势、突出的儿童自主作用及传统的品牌效应和丰富的社区资源，找准少先队教育与道德思维培养的契合点，选择适当的具有可鉴别性、可批判性的内容引入少先队活动，强化社会热点难点问题的正面引导，有利于提高队员们的道德思维品质，有利于促进队员的自我认识和知行合一，有利于社会主义核心价值观的践行。为此，课题组提出如下建议。

1. 加强仪式教育

众所周知，红领巾是少先队员的政治标志，是少先队组织形象的重要体现。爱"领巾"就是爱"祖国"！而课题组发现现实的行规检查中，队员们有的"赶忙从衣兜里掏出皱皱巴巴的红领巾"，有的"伸手在桌洞里不停地摸着"，还有的"瞧瞧自己的脖颈，再低头寻找，直到在地板上拾起那抹被污染的'红'"。不拘小节是道德主体某种思想现状的真实反映。调研中，部分队员认为爱国不必拘泥于小节的观点再次印证了当下创新仪式教育的重要性。辅导员老师要重视队员们自主发展和自我需求的能动性，适当进行道德干预，在建队日仪式、换巾仪式、升旗仪式等重要的仪式教育中，怎样常做常新，唱响国歌和队歌，热爱珍惜红领巾，进一步增强爱国意识的培养，实现遵守规范到自我需求的跨越，值得我们深思和探索。

2. 加强自我教育

道德思维具有注重感知与理性结合、强调个体的自我调适的特征，道德思维发展一般经历以自我为中心的他律阶段、以社会为中心的自律阶段和以自我与社会相统一的高级阶段。7～15岁的少先队员正处于人生成长的关键过渡期，是自我意识形成、发展和定型的重要阶段，即"扣好人生第一粒纽扣"的关键时期。在这阶段，如果充分发挥少先队组织的自我教育特点，充分利用队员们所处的环境及教育实践活动，发挥个人的、集体的、实践中的三种形态的自我教育作用，尽快促成其达到更高一级的道德思维发展阶段，特别是中学段少先队员"去自我中心"的形成，达成自我与社会的统一，可以尽可能地减少青少年时期容易出现的问题。

参考文献：

[1] 张先翱.少先队教育文集（上卷）[M].北京：中国少年儿童新闻出版总社，2014.

[2] 朱李玲."道德思维"研究的成就与问题[J].佳木斯大学社会科学学报，2019，37（2）：32–35.

值周检查中的核心价值观教育[①]

——运用道德思维促进少先队员自我教育的实践案例

上海市奉贤区教育学院　戴宏娟

【案例背景】

中队辅导员小王看到李老师正在走廊上擦窗台，疑惑地问："李老师，你这是在干吗……"李老师一脸无奈，说："本周轮到我班值周，值日的同学兴奋得出去站岗，竟然把自己的值日岗位给忘了！"

这时，队员们出操回来，只听到小文对另一个队员说："小杰，你对2班放水了。"小杰气得涨红了脸，大声嚷道"我没有"，一把推开周围的人冲进教室。

看到这一幕，李老师关切地问："小杰，你怎么啦？为什么这么生气？"

小杰说："刚才那个谁，哼，血口喷人，竟然说我在值周检查时不诚信，'放水'包庇2班，而且一说再说，说了好几次，这根本是没有的事好吧……"话音未落，小杰便一屁股坐下来，委屈地趴在桌上，伤心地掉下了眼泪。

对一个成立才2个月的六年级新集体来说，值周这件事太新鲜了。为了值周，竟然把中队里自己的值日工作给忘了！这对辅导员李老师来说真是始料未及。队员们对话中的"放水"又是怎么一回事？队员中还有没有其他连老师都不得而知或无法预料的事？两人之间的这个争议，后续怎么处理？新学校、新集体，我们的孩子在想些什么？他们存

在哪些困惑？能否自己解决发生在身边的问题呢？

【案例分析】

道德人际关系规则理论表明，个体的道德思维方式受到道德情境中人际关系的影响。随着年级增高，人际关系对道德思维方式的影响逐渐增强。伙伴交往中，发挥同龄人的榜样和先锋模范作用是开展自我教育的有效方式。所谓自我教育，就是在教育者的影响和启发下教育对象发挥自主能动因素进行自我调节、自我控制和自我修养，促使自己的政治思想品德和行为习惯向好的方向转化、发展的教育活动。值周检查是学校开展行为规范教育，也是少先队开展自我教育的好机会。新成立的集体很需要队员的坦诚，团结友爱。作为辅导员老师，怎样通过少先队组织的自我教育，拨开"迷雾"，同时又未雨绸缪，帮助队员建设好一个温馨的新集体，既管理好自己的中队，又参与好学校管理呢？带着上述疑虑，笔者根据队员们的所思所行，在此中队开展了主题为"我在值周检查中"的队会活动。

【过程与方法】

（一）广泛了解实情，明确教育目标

面向全体队员，了解孩子们的真实想法是开展好主题队会的前提。笔者给队员们布置了一道回家作业：从值周检查中"我做到了什么？发现了什么？收获了什么？"三方面做简单描述。

梳理队员交上来的材料，发现大家的想法集中在"高兴、自豪、辛苦及不偏私"等字词上，我把与社会主义核心价值观有联系的几个典型想法做了以下标注：

我成了"光荣的升旗手"，觉得很光荣，我爱我的祖国，做升旗手是一件无比神圣的事情（→爱国与荣誉）。

我做值日队长，值日队长每天都是最后一个走的，这份工作很严格，也很累，要把黑板擦干净，还要仔细检查，但我很高兴，我做到了（→岗位敬业）。

有些中队有些人就是要严格对待，前两天检查的一个中队有点脏，我有点心慈手软，仅仅警告了他们，结果发现这两天他们根本不把它当回事，我以后要更加公平公正，绝对要零容忍（→诚信与公正）。

当小学时的好朋友所在的中队有人不认真做眼保健操时，还真是有些犹豫的（→友善与诚信）。

我们的队员们爱国意识普遍很强，有光荣感和自豪感，还有强烈的主人翁精神。但在敬业、诚信和友善方面确实还需要进一步结合生活实际，加以锤炼。凭着多年的中队管理经验，"放水"引发的争议隐含着孩子们是否岗位诚信、公正"执法"的问题。综合队员们的种种想法，本次主题队会以核心价值观个人层面的准则为主线，聚焦"是否因为好朋友而'放水'"的猜忌、犹豫和困惑，重点以"诚信"教育为突破口，解决队员的思想误区。

（二）呈现矛盾冲突，激发道德思维

科尔伯格等人的研究表明：个体的道德判断力处于不断发展之中，矛盾冲突情境最适合促进个体道德判断力的发展。这就要求我们在教育实践中设法创设情境，寻找队员的认知冲突，引导他们在困惑、焦虑、犹豫的矛盾心态中寻求理性内核，从而提高道德判断水平。为此，本次队会创设情境，以小品形式呈现开篇案例中队员们的冲突，引出话题"小文貌似随口一说的'放水'，生活中有没有真实发生呢？"

队员们纷纷议论后，笔者作为辅导员进一步帮助队员呈现自己的内心冲突，反思自己的思维过程。小王表示轮到值周时起初非常激动，感觉这是一种荣耀，但半周实践下来，觉得越来越累，有时还会影响功课。特别是检查眼保健操时，自己好朋友所在班级不认真做时，有些难下手：扣分吧，伤害同学感情，影响友谊；不扣分吧，岗位失责，愧对这份荣誉。

针对小王的困惑，笔者让队员们将自己的态度或解决办法讨论梳理出来，并说明理由，然后师生共同对那些失衡的认知重新判断分析（详见括号内容）。

不扣或者少扣——碍于朋友情分，偶尔会心慈手软（角色定位有点混乱。我们确实需要同学间相互友爱，但此时的"我"是检查者而不是好友，作为检查人员，此时就要做到"敬业"）。

坚决扣分——怕被同学说自己是叛徒，同时也担心会影响自己集体的分数（动机还需澄清，有集体荣誉感是好事，但扣分是岗位职责所在，不是为"不做叛徒"这个不存在的"荣誉"而战）。

先指出问题，态度好能及时改就不扣分或者少扣，反之就扣分——允许对方有个改正过程（这是一种比较可行的情理交融的选择方法，通过伙伴教育等自主管理方式进行约束，体现了少先队组织的自我教育理念）。

一切由我当时的心情决定——因为没有人进行监督，扣不扣分我自己决定（"知行要合一"，做事要有原则。发现"没有人监督"的管控漏洞，可以在下届少代会上提出

议案，解决这个问题）。

美国著名心理学家霍华德·加德纳曾对"道德思维"做过这样一个浅显易懂的解释："'我'加德纳是一名老师、作家、科学家，同时也是公民，是任教的大学、生活的社区、我的国家乃至全世界中的公民。道德思维就是在这些角色中'我'该思考如何行为处事。"当下社会，事物瞬息万变，时间和空间概念都会随技术的发展而迅速地发生变化。在这样的环境下，每个人都要思考，在自己的角色与位置上应该尽到怎样的责任。

案例中小王的烦恼来自值周检查对自己学业影响的担心，也有对同学友谊"翻船"的紧张，其他队员的选择有对岗位职责的清醒认识，也有对怎么正确看待同学友谊的认知失误。根据加德纳的道德思维观，笔者在此活动过程中，通过典型案例剖析、师生互动说理等方式，把队员的注意力从观点的表面差异转到背后理由的建构过程中来，队员在体验内心的道德冲突中，懂得了要把自己担当的职责作为考虑问题的第一要素，发展了他们对值周检查时要不要"放水"这一现象的比较、分析、判断和选择能力。

（三）核心价值观导向，正能量引领队员

对于初中生来说，能否自主顺利地解决道德冲突，除了依靠他们已有的道德判断和思维能力以外，教师积极的价值导向必不可少。上述师生一起说理剖析的过程中，笔者既适当进行干预，也提出了建议。接下来，就要在良好师生互动的基础上，进一步以情感为纽带，在自然、真实和内化的状态下坚持社会主义核心价值观的渗透，引导他们在道德思维方面跃上一个更高的台阶。

1. 制作微视频，展现队员值周风貌

5～6年级的少年儿童可塑性强、敏感，他们的情绪情感日益丰富，在学习成败、人际交往及在集体中的地位等方面的情感体验比以往要深刻、稳定得多。在这一环节中，笔者增强情感因素，把一周来队员们早出晚归辛苦值周的身影汇集在短短几分钟的《值周风采》微视频中，并配以队员的画外音：

之前看别人站校门口检查同学，很羡慕。我现在好高兴也能代表中队，站在门口检查队员们有没有戴好红领巾。我要对得起老师和队员们对我的信任……

我终于也可以和高年级的大哥哥大姐姐一样，参与治理学校的环境卫生，为了不影响上课，还要提前去值日，确实有点累，但还是值得的……

我发现以前来得晚的同学，轮到值周后早早到校了，以前不够认真、有些调皮的同学变得一本正经，甚至有些严肃了。他们很努力、很敬业，希望下次我也能参与到这样的活动中来。

一幕幕平凡又不寻常的画面和情景，让队员们看到了自己的努力和身边的榜样，对值周工作产生的价值意义有了新的思索和感悟。

2. 学习文件精神，领会诚信的内涵和意义

主题活动的准备过程中，适逢中共中央、国务院印发《新时代公民道德建设实施纲要》。该纲要指出：持续推进诚信建设。要继承发扬中华民族重信守诺的传统美德，提高全社会诚信水平，激励人们更好地讲诚实、守信用。

回想这次队会活动始于"你'放水了'"的争执，于是笔者在让队员们学习区本少先队活动共享课程《道德思维加油站》关于诚信内涵的时候，及时补充宣传新时代公民道德建设实施《纲要》中强调的"诚信"建设的重要意义。引导队员认识到生活中矛盾和冲突难以避免，但在处理棘手、两难的问题时，要坚持正确的价值取向，学会运用社会主义核心价值观引领自己做出选择，该诚信的时候就得诚信、该公正的时候就要公正，让队员认识到校园值周检查中无论是好友班级还是自己班级，都要"诚信、不偏袒、不'放水'"，这也能为他们今后离开校园走向社会奠定良好的道德思维习惯。

3. 成效与反思

主题队会接近尾声，当笔者问及队员们此次队会活动有什么收获和体会时，万万没想到小文同学率先站起来表示："我不该对小杰乱开玩笑，事情的真相是他不愿意和我换班检查，我就凭自己的随意猜测和想当然，说他包庇隔壁班的好友，这种无凭无据的话说出来后才是真正伤害了同学间的友谊。以后我一定改正。"

另一个表演小品的蓉蓉说道："小品里李老师代劳的活应该是我干的。其实我们排练小品的时候，我就觉得好惭愧，今后在值周检查前，一定别忘了做好自己中队的值日工作，真正做到爱岗敬业。"

苏霍姆林斯基说过促进自我教育才是真正的教育。本次主题教育活动，从延续了一周的值周检查这个话题说起，辅导员和队员一起重温了社会主义核心价值观个人层面的要求。根据6年级少先队员的身心特征，用小品角色扮演法、微视频情境再现法，加深队员的内心体验；用讨论说理、深度对话的形式，增加一些理性辩证的道德思维，也许这就是本次主题教育活动能打开队员心扉，打动队员心灵的成功之处吧。

参考文献：

［1］李辉，许文贤.中国化马克思主义：教育概论——中国化马克思主义丛书［M］.
北京：人民出版社，2005.

［2］陈为.道德冲突与提高学生道德思维能力——对新课程《思想品德》课堂教学的
思考［J］.云南教育，2006（10）.

［3］赵彧.道德思维发展取向的说理［D］.上海：华东师范大学，2009.

在少先队组织自我教育中培养青少年道德思维的实践探索[①]

上海市奉贤区教育学院　戴宏娟

　　思维是主体对实践对象的能动反映、自主反思和主体构建的心理性操作过程。道德思维首先应该是关于"道德"的思维，是"人们以追求生存的应该和生命之善为内容和目的的一种特殊思维方式，是根据道德感知进行的理性思考和推理"。人们只有经过慎重的道德判断、推理和选择，经历深刻的道德思维过程，才能理性指导自身个体的道德修为。道德思维是通过调动自我认识、自我体验和自我控制等因素增强自我评判意识、养成道德自律，从而实现自我教育的一种思维方式。从这个意义上说，道德思维契合少先队组织自我教育的定位。少先队教育区别于学校教育及其他教育的基本特点是：少年儿童在组织中进行自我教育。它有着与课堂教学、班集体教育等其他教育不一样的特定内容和自身特点，有着明确的政治方向和育人目标。即通过少先队的工作，把党和国家的教育目标变为队员自身的自觉要求和积极的目标追求。

　　为了发展少先队员的思维品质，形成道德上的可持续发展能力，也为他们今后离开校园走向社会奠定良好的道德思维习惯，本课题组以社会主义核心价值观为引领，把握青少年儿童的思想脉搏，从少先队员遭遇的现实问题出发，选择适当的内容引入少先队活动，结合少先队组织个人的自我教育、集体的自我教育和实践中的自我教育三种形态，根据感知—判断—选择的思维过程，形成了三种培养少先队员道德思维的实践策略。

---

① 此文发表于《现代教学——思想理论教育》2020/8AB，《研究视野》栏目，第49-51页。

一、运用"人我类同"换位思考法提高少先队员的道德感知力

"人我类同"是指把自己和他人看成同类，有相同的物质需要、心理状态和精神需求，这是道德思维"类我"特征的体现，也是道德思维顺利进行的前提。每个人具有相同的存在价值和被尊重的权利，任何人的诉求和愿望都应该被关注、被了解。"人我类同"的换位思考是一种推己及人的、通过把A的认识立场或思维角度转到客体B的立场和角度来思考问题的一种思维方式。对少先队员进行换位思考的训练，可以帮助他们通过相互理解与沟通了解他人的需要，这也是培养青少年仁爱、平等、同情、宽容等优秀道德品质，增强自律能力的一种重要思维训练。角色体验法是帮助青少年儿童进行换位思考的常用方式。

案例1：寻找丢失的爱

欢欢一直是爷爷奶奶带的，现在爸妈劳务输出打工回来了，她却经常离家出走，亲子关系越来越紧张。班内这样的留守儿童还有不少。这些孩子对当年父母抛下年幼的自己外出打工，如今又对自己"管头管脚"无法释怀，内心有种难以名状的怨恨。

对策与过程： 申老师以雏鹰假日小队探究活动的名义邀请欢欢的妈妈带上欢欢和其他队员，来到她当初工作的制衣厂进行职业体验。时值34℃的高温，厂房里没有空调，几十台缝纫机轰轰作响。工人们弯着腰在缝纫机前操作，胸前、后背的衣服湿透，贴在身上……

工厂老板听说小队活动的来意后，给他们派了最简单轻松的活，一个小时后，几个小家伙累得叫苦连天。收工时，拿着老板给的20块"工钱"，队员们悄悄议论，这样的工作太辛苦，赚的钱又少……只有欢欢什么都没说，默默地流下了眼泪。

反思与效果： 回到学校后，在以"感恩"为主题的队会中，辅导员引导队员们感知父母的选择是出于对子女的爱，以及作为家长对改善家庭经济条件的责任。活动中，欢欢和其他队员意识到父母对自己的爱难以计算，反思自己"如果自己是当时的父母，自己选择的方向又会有什么不同？"一系列的思想斗争后，欢欢和队员们理解了父母的做法，选择了主动原谅。

区域调研显示，近20%的少先队员情绪管理能力较弱，不能很好地控制自己的情绪和心态，考虑问题往往从自身出发，对待身边的亲友或师长有时会粗暴蛮横、随意宣泄，亲子相处和人际沟通的技巧有待提高。学会换位思考有助于他们在转换立场中发现新问题，寻求新答案。本案例中，通过小队探究的形式，以角色体验的方法，让队员

感知到父母在家庭中承担的责任，激活了队员的内心活动，并通过反思，达到了自我教育的目的。

二、运用"两难问题"，增强少先队员的道德判断力

"学会道德判断"是培养"道德好习惯"这一少先队活动课内容的难点。科尔伯格等人的研究表明：个体的道德判断力处于不断发展之中，而对"两难"问题的思考有利于促进个体道德判断力的发展。所谓"道德两难问题"，是指当事人涉及两条或多条道德规范，而这些道德规范在此情境中发生不可避免的冲突。根据科尔伯格提出的"两难"问题讨论法，辅导员可以通过开展说理辩论活动，调动队员对问题辩证思考的积极性，增强队员们的道德判断力。

案例2：值周检查中，我要不要"放水"

刚进入6年级的小王参加为期一周的全校性值周检查后坦言：当检查眼保健操，发现好朋友所在班级不认真做时，有些难以下手。扣分吧，伤害同学感情，影响友谊；不扣分吧，岗位失责，愧对这份荣誉。要不要"放水"，网开一面或者当作没看见？这样的念头一段时间内常萦绕在小王的脑海中。

对策与过程： 小王的话题被抛出后，辅导员及时引导队员们把对这件事的态度或解决办法梳理出来，并说明理由。然后师生互问互答，共同对那些失衡的认知重新分析判断。

"不扣或者少扣"——理由是：碍于朋友情分，偶尔会心慈手软。

"坚决扣分"——理由是：既担心被同学看成叛徒，也希望扣了该班的分数后保持自己集体的实力。

"先指出问题，态度好能及时改就不扣分或者少扣，反之就扣分"——理由是：允许对方有个改正的过程。

"一切由我当时的心情决定"——理由是：因为没有人进行监督，扣不扣分我自己决定。

分析： 小王既不想得罪同学，又有自身责任及集体荣誉考量的认知冲突，这种现象和心理在6年级其他少先队员中不乏存在。6年级正是原有的5年级旧集体解散、新集体还未完全适应的衔接阶段，一些队员对旧日同学间的友情（A）看得很重，对新集体中自己的作为和担当（B）也相当在意，A和B都是队员们在意的道德原则，如今受到了干扰，从而引发内心冲突。

案例中的辅导员引导小王再现认知冲突，启发队员直面矛盾问题，通过互动说理，让大家对"友谊"与"诚信"的认知清晰起来，对自己的岗位职责也有了更清醒的判断：真挚的友谊与诚信"执法"并不矛盾，在岗位责任面前，只要履行好检查的职责，便是对的选择，不需要对自己没有做另一件事而感到遗憾或自责。

当然，教师在互动说理的过程中要对学生的行为做出评价，既要告诉队员"应做什么"，也要耐心解释这样做的理由。比如，当队员表明"先指出问题，态度好能及时改就不扣分或者少扣，反之再扣分"时，理由很简单朴素，即"给他一个自我改正的机会"。作为辅导员则要明白"值周检查"就是要发挥少先队各级队委会、队长和队员的相互教育作用，要启发队员意识到这么做是发挥少先队集体的自我教育作用，把大家的注意力从观点的表面差异转移到背后理由的建构过程中来。对于少部分"发现管控漏洞没有人监督，所以扣不扣分我自己决定"的队员，可以引导他发挥少先队的组织教育作用，鼓励他"知行合一"，在下届少代会上提出解决问题的议案。

三、运用"知行合一"，提高少先队员的道德选择力

现实生活中，一种道德再好、再高尚，如果不能体现在人们的行为中，就不是真正的道德，也无从发挥它应有的作用与功能。道德具有"知行合一"的特征。"看到老人摔倒你会怎么做"的话题曾引起社会的广泛关注，区域调查中有近四成的少先队员选择"看看周围有没有探头或路人"再做决定；也有近一成的队员选择"视而不见，多一事不如少一事"；选择"不知道该不该帮扶"的队员也不在少数。以下两位队员的做法为该问题的解决提供了一种思路。

案例3：当老人骑车下桥时摔倒了

7年级的小余和小范过桥下坡时，看见一位骑着电瓶车的老人被路边的一堆油污给滑倒了。大家都知道见义勇为是我们倡导的高尚品德，但面对曾经发生的有可能被诬陷的情况，该如何行动呢？

对策与过程：小余蹲在老人边上，不停地安慰她"您继续躺着，不要动哦，不是我不扶您起来，您有可能骨折或轻微脑震荡，要等专业人员来抬您"，同时他还不时地提醒正从桥上下坡的行人注意；小范则拿起手机拨打120，及时叫来救护车，随后打电话报警，打完电话的小范紧接着到旁边商店借来两个废旧的垃圾桶作为警示，以免后面更多的人来不及刹车，继续被绊倒或者对老人造成冲撞。

分析：情感上，两位队员蹲下来安慰老人，让老人知道有人在关心她，也避免因

为自己的不专业而给老人造成更多的困扰；理智上，他们迅速拨打电话，搬来救兵，并提醒其他路人；从心理机制上说，两位队员在道德情感的烘托下，道德理性得到充分彰显，做出了正确的行为选择。

辅导员运用这个真实的案例，引导大家学习小余和小范两位队员的做法，一下子解决了不少队员的思想困惑。老人摔倒了，作为社会的一员，于理于情都要帮，这也是积极培育和践行社会主义核心价值观"友善"要求的具体体现。此时此境中，扶还是不扶，已经不是讨论的问题，而是通过直觉的道德思维迅速做出选择，思考怎么帮扶的问题，两位队员在道德实践中生成的智慧经由少先队多种多样的队活动会启发影响更多的队员在实践中实现知行合一。

四、结语

美国心理学家加德纳在《迈向未来的五种思维能力》一书中从社会学的角度指出了道德思维能力的应用，让人明白在不同的社会角色和社会关系中，该如何与人相处，如何处世。上述三个实践案例有意识地选取了家庭成员各自承担的责任、学校集体的岗位责任和公民的社会角色责任，引导队员在处理矛盾冲突时，从身处情境中特定的责任和担当出发，做出符合社会主义核心价值观要求的判断和选择。当然，青少年儿童道德思维的形成和功能的发挥不是一件轻而易举的事，随着社会的不断进步，人们面临的道德困境会越来越多，对青少年道德思维能力的培养也越来越重要。

参考文献：

[1] 黄富峰.论道德思维 [J].道德与文明，2002（4）.

[2] 段镇.少先队学 [M].上海：上海人民出版社，2015.

[3] 赵国强.少先队管理学 [M].上海：上海人民出版社，2014.

[4] 戴宏娟.奉贤区少先队活动课程建设的主要问题及对策——基于调查问卷的统计与分析 [J].辅导员，2017（1）.

浅谈学校德育课程活动中青少年道德思维的培养路径

上海市奉贤区教育学院　戴宏娟

在伦敦西敏寺大教堂，一座无字墓碑上有这样一句话，大意是：挑动世界的不是他人，而是自己的内心。著名的量子物理学家玻尔进一步直言，世界上所有的问题都是思维问题。将上述观点运用到青少年道德实践研究中，进一步加深了笔者对"道德思维是促进青少年道德水平提高的根本"这一观点的认同。关于道德思维的解释，学界无论是从伦理学还是心理学上都有不同的论述，但尚未达成共识。普遍认同的是"作为人类思维活动的一种相对独立的特殊形式"，道德思维的培养有利于塑造道德人格，提升道德教育的效果。本文根据张宏杰关于道德逻辑思维、道德直觉思维和道德实践思维三种结构形式的解释，着眼于学校主题班队会、综合实践活动、校外探究实践等德育课程的开展，对培养青少年儿童道德思维的路径加以总结和分享，供大家探讨。

一、道德逻辑思维培养——以主题班队会中的榜样教育为例

逻辑思维（Logical thinking）是人们在认识过程中借助于概念、判断、推理等思维形式能动地反映客观现实的理性认识过程，又称理论思维。只有经过逻辑思维，人们才能达到对具体对象本质规定的把握，进而认识客观世界。它是人的认识的高级阶段，即理性认识阶段。未成年人的道德逻辑思维培育，首先要培育从抽象上升为具体的方法，其次是培育道德判断能力，再次是培育未成年人掌握道德推理方法。

三年级某些少先队员对大队部开展的"阳光少年"评选活动没有积极性，认为这是好学生的事儿，自己成绩不好没有资格参选。还有一部分同学平时不关心中队的各项事

务，却在争取荣誉时表现积极，甚至出现了拉票的情况。更有一些队员说自己积极参选是因为"如果评上了不仅能拿到奖品，在同学们面前'还可以把头抬得高高的，倍有面儿'，爸爸妈妈还会额外给自己奖励"。

分析：小学生道德思维的发展与其在社会实践中所处的地位、境遇和个体心理特征等密切相关，大多数处于以我为中心的他律阶段。上述少先队员的行为表现说明他们的自我意识开始形成，已经意识到自我的存在和自我的利益。但分辨是非的标准缺乏稳定性，善与恶、好与坏的判定往往依赖于老师、家长的决断，自己看问题的思维还缺乏批判性。如果一味从少先队的政治性和组织性灌输或强调"肩负的使命"，而不去了解他们的真实想法，就无法让队员从内心深处真正领会"阳光少年"的含义及评选的意义，导致他们仅仅为迎合老师或学校而参加评选活动，这就无法起到少先队活动的表彰评价作用。

对策：结合重大事件、重要教育契机，组织集中性主题队会是少先队活动课程最常见的形式。为此，中队辅导员老师开展了以"争当时代小先锋"为主题的队会。从队歌入手，列举不同年代的先锋模范，在找先锋、学先锋、做先锋等活动环节，引导队员加深理解"先锋"的含义，最终帮助队员树立"争当时代小先锋"的信念。

思维由抽象到具体的一定运行方式是逻辑思维的直接决定因素。培育未成年人从抽象到具体的方法，可以采取讲故事的形式，促使他们去思考、去模仿，把故事中的人物形象转化为自己脑海中的形象，作为自己行动的向导。本案例中，介绍不同年代不同领域先锋人物和身边"小先锋"的事迹，让队员们将概念等理性认识和要求通过具体的活动内化及转换，加深对"先锋"概念的感知，使其对"阳光好少年"的概念从抽象上升为具体的认识，从而判断和推理出"不思进取、没有目标与'中国梦'是格格不入的；荣誉的取得离不开个人的努力、奉献甚至是牺牲一些宝贵的东西"。这样的课程活动有利于队员反思自己的问题，形成新的自我道德准则，并在后续的争章活动中指导自身的行为。

二、道德直觉思维培养——以探究型活动课程中的环保教育为例

道德直觉思维是指生命主体在道德经验的基础上，以其对社会道德的概念和规范的内化为前提，对人与万物的道德伦理关系及其性质的整体进行瞬间的直接把握的一种超越感性和理性的道德体认方式和价值判断能力。在很多情况下，形势紧迫，根本不容我们反复思考与权衡，须即时做出某种选择与决定，这时我们就会利用后天习得的直觉思

维。未成人的道德直觉思维培育，首先要系统积淀道德知识，其次要培养正确的道德信仰，最后要培养未成年人的道德情感。

班主任在翻看朋友圈时，看到一位家长上传了一张通知。通知讲的是头桥社区即将把不符合环保标准的家具作坊逐一取缔。虽然深知不合要求的作坊破坏了生态环境，但是一想到家具作坊关闭，户籍在外地的同学不得已举家回乡，本地的有些同学家庭断了房租来源，大家的内心并不希望关闭家具小作坊。

分析：在权衡保护环境与自身利益时，无论是这些孩子还是其家长，都容易从眼前自身的利益出发，无法用可持续发展的眼光看待问题。引导他们搞清环保的意义才能激发他们主动爱惜环境的情感，促其行为的内化。契机来了，学校广播传来"因为重度雾霾取消室外广播操"的通知，"又是雾霾。真不开心！"孩子们满脸的失望给了班主任教育的灵感：体育课和课间操是孩子们最喜欢的活动，却因为雾霾影响了他们的学习生活和情绪。能否以雏鹰假日小队的活动形式，结合探究型课程要求，开展对家具小作坊的考察、寻访等小课题研究呢？

对策：在班主任的点拨指导下，孩子们组成"雾霾调查小分队"和"现场勘查小分队"，开展了实地考察活动，深刻认识到焚烧废木料产生的烟尘正是当地雾霾产生的重要原因。"实地看了家具小作坊，我才了解到爸爸工作的环境有多么糟，虽然我可能和爸爸妈妈回老家，但工作没了可以再找，身体健康才是最重要的。""奶奶一心考虑多收点租金补贴我们，自己却住边上的小屋。其实，改善奶奶的居住环境才是我们真正的愿望……"在取缔不符合环保要求的家具小作坊这个问题上，队员们经过价值辨认，认识到了不符要求的家具小作坊给大家带来的损害既有长远的也有眼前的，解决了小作坊关闭带来的思想上的矛盾斗争。

此案例中，孩子们通过探究活动，积累了环保方面的相关知识。从一开始埋怨雾霾影响自己的学习生活，到抱怨家具小作坊发出的臭味和噪声影响自己的日常起居，最后了解到从事家具相关行业的家人遭受的伤害更多，唤醒了他们推己及人的情感意识，这种情感让他们意识到环境保护不是忍一忍的小问题，而是关系到每个人日常生活的大事，更是关系到全球全人类长远的利益。道德直觉思维以道德经验为基础，是道德智慧瞬间的迸发。通过这样的思维训练，帮助孩子们建立起"生态文明建设功在当代、利在千秋"的道德信仰，对环境保护观念的形成具有催化作用。相信在今后遇到类似问题时，队员们不会再犹豫和矛盾。

三、道德实践思维培养——以综合活动课程中的"贤文化"教育为例

道德知识来自道德实践，更要回归道德实践，回归人的道德生活本身。实践思维相比逻辑思维和直觉思维是从实践观点出发的思维方式，需要改变传统道德教育观念，通过发挥学生的主体性、提升真善美和谐统一的思维境界等，探索有效可行的措施。

山歌剧是上海市非物质文化遗产特色项目，也是奉贤"贤文化"的体现。钟老师在山歌剧综合活动课程的实施过程中发现：有的学生认为山歌剧很老土，不如学唱些时尚的当代歌曲；有的认为奉贤话很难学，山歌剧更不好唱，太难了；还有的认为以后又不靠山歌剧吃饭，学唱它没啥意思。大家在"山歌剧"课程中的学习热情不高。

分析：以"敬奉贤人，见贤思齐"为内核的"贤文化"教育是区域德育工作的一大特色。一部分学生虽然生于斯长于斯，但他们对于奉贤本土的历史文化还很陌生；更多的是外来务工人员随迁子女，他们仅仅把在奉贤的生活作为人生的一个驿站而已；在山歌剧学习中表现出来的畏难情绪也是他们在学习上缺乏明确目标和持久动力的体现。负责这一课程的钟老师想到了结合贤文化教育，帮助学生解决思想上的误区和行为上的不足。

对策：一堂跨年级的《唱响山歌剧　弘扬贤文化》综合活动汇报课开始了，学校的山歌剧校外辅导员也应邀参加。活动以"听一听""寻一寻"等探究形式，呈现孩子们真实的想法；开展与山歌剧传承人的对话交流，让孩子们感受老一辈艺人家国情怀的"真"，无私奉献的"善"，敬业精神的"美"；最后，在学唱山歌剧、体验奉贤话韵味的同时，帮助孩子们了解山歌剧的魅力，激发其对本土优秀传统文化的反思，对比自己在学业上的畏难情绪，分享交流此次活动的感想和收获。

课程活动中，学生们在互帮互助、互相激励中发挥主体作用，体验传统文化的艺术魅力，也在传唱、弘扬山歌剧中学习老一辈传承人、身边的老师和同学的岗位敬业精神，增添学习的动力。最后，有学生表示"找到了山歌剧的根，突然觉得山歌剧真是越听越有味道"；也有的表示"现在觉得山歌剧比其他剧种更有亲切感了，因为它是由我们奉贤语言唱的"。一位江西籍学生表示"我要好好学！过年回家时给家里亲戚们秀一段，让他们看看我学到的奉贤文化"；还有的说"我要教给我妈妈，她是四川人，我要让她快快融入奉贤文化，成为名副其实的新奉贤人"。真、善、美本身是统一的，都是人们从不同角度把握世界的特定方式，其统一的基础是人们进行的实践活动。在这样一种特定的条件、特定的时间、特定的地点中，贤文化实践体验活动让学生们的思想、感

情、行为在不知不觉中发生了微妙变化，甚至是质的飞跃。

培养青少年儿童道德思维的路径是多种多样的，除了上述主题队会、探究活动、综合活动，家校合作中的亲子互动和互联网及手机媒体的传播宣传等也是很好的培养路径。同时，这些逻辑思维、直觉思维和实践思维的培养也可以在同一种路径或同一个主题教育案例中体现，涉及的道德教育内容也很广泛并可以交叉渗透，如劳动教育中的责任意识培养等。

当下，学校的德育课程不仅丰富着青少年儿童的道德知识，而且课程的活动内容和教育形式也非常贴近青少年的现实生活，反映了他们的道德需要。进一步准确把握道德思维的内在规律和特点，开发课程资源，丰富德育活动，多途径、多形式让青少年儿童从自己的实际出发，用自己的眼光观察社会，用自己的心灵感受社会，解决他们对社会道德现状存在的诸多困惑，将会更加有效地提升当下的德育实效。对学校教育工作者来说，还需要注意以下三个问题。

1. 坚持道德教育的开放性

德育课程活动是青少年儿童主动探索的过程，作为老师，要把握好他们成长中遭遇的矛盾冲突和思想困惑，允许他们对已有道德保持合理的怀疑态度，引导他们在继承传统美德的同时创造出满足自身发展需求和社会发展需要的道德规范。比如，在早期垃圾分类试运行中，有的孩子坦言："当看到我们辛苦分类好的垃圾最后还是被扔到一个垃圾桶里，自那以后我就再也不分类了……"直面青少年提出的问题，结合当下的社会治理体系建设，疏导好孩子们情绪化的道德思想和行为，是一大挑战。

2. 突出德育对象的主体性

如果我们培养的青少年儿童没有独立的价值思考和道德思维能力，只会一味服从，缺乏自我反思和反省，是不可能真正做到知行合一的。怎么面对这种知行不一的偏差，老师的干预引导很重要，可以通过"论镜头下的美丑"等多形式活动，激发他们的主体性和能动性，实现从遵守规范到自我需求的跨越。

3. 尊重道德成长的规律性

教师在教育目标与要求上要注意遵循不同阶段青少年儿童的身心发展规律，防止超前或滞后，并根据社会需要和成长实际，提出略高于现有水平的问题和要求，促进其道德思维从低层次向较高层次过渡和渐进。以"从'在行'（xíng）到'在行'（háng）——红领巾志愿服务"中的矛盾化解为例，同样是去福利院看望老人，对小学四年级的孩子来说，辅导员老师着眼于解决的是队员们的这样一种心态："志愿服务是学校要求做的，看在辅导员老师的情面上不得已参加。"而对于初中学生来说，"感觉到了自己的无力，面对爷爷奶奶时不知道和他们聊些什么……老人们似乎并不喜欢我们擅长的劲舞等表演"。显然他们的道德思维已经提升到另一种境界。教师要帮助解决的是他们更深层次的困惑和思考——"我们该如何真正有效地开展志愿服务活动"。

　　道德思维反映的是各种不同角色所应共同遵守的行为准则，其内涵更多的是美德、责任感和道德感。作为一种德行正确与善的思维形式，道德思维要求人们的道德活动符合社会道德价值体系的要求、和谐人际关系，从而指导个体的道德行为不断调适与完善。如何进一步抓住道德思维的本质特征，引导青少年儿童推理道德现象、甄别社会问题、内化伦理道德，教会青少年儿童做出正确的选择，支撑起民族脊梁？家庭教育氛围、社会环境营造和学校德育工作的影响都非常大，从这个意义上说，培养青少年道德思维的实践研究将永不会停止。

参考文献：

［1］张宏杰.论未成年人道德思维的培育［D］.贵阳：贵州师范大学，2007.

［2］王琰.道德思维教育是促进青少年道德水平提高的根本［J］.教育理论与实践，2008（8）.

［3］唐凯麟.道德思维引论［J］.湖南师范大学社会科学学报，2002（2）.

［4］朱李玲."道德思维"研究的成就与问题［J］.佳木斯大学社会科学学报，2019（2）.

源于整体课程论思考的区域少先队活动课程开发[①]

上海市奉贤区教育学院　戴宏娟 等

新课程改革倡导教师的价值引导和学生自主建构相统一，这是一个唤醒学生情感并通过道德思维上升为智慧的过程。教育部把少先队活动课程列入中小学课表的通知，无疑对提高少先队活动的有效性、加强青少年思想道德教育起着重要的作用。但是，在对区域各学校少先队活动课程实施情况的调研中，笔者发现区域少先队活动课程的实施缺乏整体建构，有些活动课程的内容和实施路径少先队队性体现不足，辅导员对少先队活动课程的认知存在偏差，少先队活动课教育内容的难点在"道德判断"的培养上。

鉴于上述背景，本文专门就引用整体课程论，开发和创新区域少先队活动课程内容，引导少先队员自觉地将外在道德要求内化为个体道德需要，从而更好地践行社会主义核心价值观，浅谈自己的思考和探索。

一、整体课程论主张通过课程的统整聚焦儿童的学习

在《教育大辞典》中，课程的定义为：课——科目，程——进程。从广义上说，课程就是为实现教育目标而选择的教育内容的总和，包括学校所教各门学科和有目的、有计划、有组织的课外活动。现实中，人们通常把课程当作一种结果，即教科书或教材。事实上，课程不仅是一种结果，而且是一种过程，更是一种意识。课程的本质是有计划地安排儿童学习机会的过程。从具体的课程活动程序来说，目标的确定、内容的选择与

---

① 此文发表于《少先队研究》2018年第4期，《活动课程》栏目，47-49页。

组织、实施与评价的过程就是课程。

兴起于20世纪80年代末期的整体课程论主张通过谋求课程的统整，建构整体的教学、践行整体的语言、塑造整体的教师等措施抚育整体的儿童。受此理论启发，笔者以为学校课程建设要做整体规划，即学校课程共同体围绕培养"整体的人"，结合学校办学理念和办学特色等实际情况，持续不断地对国家课程、地方课程及校本课程作"学校化"的整体调适、设计和安排，改变"无视儿童的存在"。

此外，笔者还关注到华东师范大学崔允漷的有关观点。他认为，课程是随"具体的儿童"而来的，只有关注"具体的儿童"的人才会有课程意识。课程的决定者必须要有开放和民主意识；课程的实施过程应该是对话式，而不是独白式；课程开发人员必须掌握课程开发的技术。这些观点与少先队"问计于童、问需于童"的科学儿童观有着异曲同工之妙。那么，学校少先队活动课程建设可否在整体课程理论指导下，研究儿童，理解儿童，聚焦儿童的学习，真正回归课程的本真意义呢？这是笔者进行少先队活动课程开发研究的初衷。

二、少先队活动课程强调以政治性、儿童性开展思想引导活动

什么是少先队活动课程？少先队活动课程在学校课程建设中处于什么样的位置？这是笔者作为少先队教研员时直在思考的问题。教育部很重视和支持少先队活动课程的建设，2013年专门发文《关于加强中小学少先队活动的通知》，规定"少先队活动要作为国家规定的必修的活动课，小学一年级至初中二年级每周安排一课时"，这为系统开展中小学少先队教育提供了坚实依托。上海从1988年开始，经历了两期课程改革，其间，对少先队活动课程的定义都还没有明确的解释。直至2015年9月，全国少工委颁发《少先队活动课程指导纲要（试行）》（中少发〔2015〕11号），文件明确指出："少先队活动课程是少先队把握组织属性，通过特有的组织形式、集体生活和活动方式对少年儿童进行思想引导的活动课程"，少先队活动课程强调政治性、儿童性，通过组织教育、自主教育和实践活动三大途径来实施。该文件对少先队活动课程的概念、性质、目标与内容、实施途径和方式、评价保障七个方面作出明确的定义和要求。这无疑给广大少先队工作者指明了课程开发和实施的方向。

我们认为，少先队教育与学校教育，本来就对象一致、目标一致，无法分家，少先队活动课程既有"队本特色"，又要"融入凸显"。所谓"队本特色"，指少先队活动课程是队的组织教育与组织建设课程，属于少先队"打铁还需自身硬"的课程，这是

学校、家庭和社会教育无法取代的少儿组织的本体性课程，必须在"规范队建、彰显队性"的原则上进行开发。所谓"融入凸显"，指少先队课程既要融入校本拓展型、探究型等实践课程，包括体育、科技、读书、社区服务等红领巾活动，但又不能泛化，要根据学校主题教育活动传统、少先队工作品牌特色、少先队员的现实需求制定系统、分层、生成性的内容架构，凸显团队组织作用。

由于多种原因，少先队活动要成为一门范围清晰、体系完善、设计严谨、载体丰富、评价科学的课程，还有较长的一段路要走。首先，在教育理论界，与少先队活动课程研究最相近的如中小学德育、课程与教学论、思想政治教育专业等相比，研究"少先队活动"和"少先队活动课程"的教育理论成果还不多见，这与辅导员的迫切需求相比，还显得远远不足；其次，少先队活动课程在学校中的定位，特别是与其他活动课程、学科课程教学、拓展型和研究型课程的关系还有待于进一步明确，因为定位的不明确，给学校课程管理和评价带来了困惑，具体操作上，最为明显的就是该课程到底是由教导处还是德育（政教）处来考核评价；最后，少先队活动课程强调"双主体"，一般专职的大队辅导员对课程定位的认识并不是很难，但是这门课程的实施者之一——中队辅导员，是否能准确把握少先队的组织属性，把握少先队活动课的政治性和儿童性，发挥少先队员的主体作用等存在着诸多不确定因素。因此，课程的开发和实施，对中队辅导员的能力和素养提出了更高的要求。

"少先队一直以来都是上海课程改革中一支非常活跃、非常独特的力量，在课改中发挥了重要作用。"我们要勇敢面对困惑和挑战，从学校少先队活动课程的整体设计和方案制定着手，满腔热情地开展区域少先队活动课教研、少先队活动课程开发和实施培训、少先队活动课说课评比等活动，坚定不移地融入少先队活动课程的深化实践之中。

三、奉贤区少先队活动课程建设的路径

根据少先队上海市工作委员会办公室《关于推进上海少先队活动课程建设的通知》（沪少委办〔2013〕10号）的要求，结合奉贤区少工委积极倡导的"理论提升素养，课题引领实践"的工作思路，笔者结合课题研究，进行区域少先队活动课程建设，其主要路径表现在以下四个方面。

1. 系统指导，树立典型

以区域少先队辅导员培训为抓手，对骨干辅导员和职初辅导员开展少先队活动课程开发和实施的能力培训，邀请名师讲座，既有系统培训，又有实务指导。我们选送部分辅导

员参加"提升实施少先队活动课的组织力与辅导力"全国辅导员活动课程培训班，发挥朱华丽少先队带头人工作室的典型示范辐射作用，为全区少先队辅导员展示优秀队会课。

2. 资源共享，共同开发

根据"让德育活动课程化"的工作思路，我们从逻辑思维训练的角度，引用道德思维理论的相关研究成果，以社会主义核心价值观个人层面的价值准则为教育内容，寻找道德思维和少先队教育理论的契合点，开发《道德思维加油站》这一区本少先队活动课程。

该共享课程根据核心价值观的个人准则要求，构建符合队员成长规律和认知特点的有机衔接的区域课程体系，并在活动形式、活动方法、活动重点等方面提出了课程的实施建议，引导队员理性思考，提升了社会主义核心价值观教育的有效性。根据道德思维培养内容和少先队工作特点，我们还编著出版了《少先队活动课程创意设计》，给一线辅导员创设了一个专业交流和成长的平台。

3. 实地观摩，定期研讨

结合上海市有关"动感"中队少先队活动课展评、少先队说课大赛等评比展演，定期组织少先队活动课示范和相关研讨活动，将优秀活动课程案例加以总结推广，加深对优质活动课的认识。对于奉城二中的《魅力家乡文化行》活动课研讨，星火学校《领巾志愿我在行》展示活动，育贤小学《拜拜了，污染"君"》、江山小学《唱响山歌剧 弘扬贤文化》等活动课，让辅导员们实地观摩、实践反思，大大提高了他们多形式开展少先队活动课的热情，促进了其专业成长。

4. 案例评选，经验推广

广泛征集有关少先队员道德思维培养的案例，提炼开展少先队活动，培养队员道德思维的方法。我们在全区大中队辅导员中开展相关案例研究的评选，选送获奖论文，发表在《奉贤教育科研》杂志，同时择优推荐《小脚丫走进社会，榜样教育在行动》《从"在行"（xíng）到"在行"（háng）——少先队活动中培养道德思维的实践探索》分别发表在《少先队研究》（2017年5月）和《辅导员》（2017年7月）杂志上，让更多的辅导员了解到他们的经验和做法。

对照有关"课程"理论，我们尝试从三方面进行突破：一是突破课堂模式，努力体现实践性特征；二是突破德育课程局限，努力实现区校两级课程资源的整合；三是突破传统思维，努力拓展少先队活动课的实施空间。当然，在此实践过程中我们还存在种种不足，我们将进一步提升少先队辅导员的理论素养，推动区域少先队活动课程建设，在课程领域和各级少先队同行们一起探讨，为提升少先队工作的有效性提供新视角。

奉贤区大队辅导员队伍工作情况调查报告[①]

上海市奉贤区教育学院　戴宏娟

2014年，中共上海市委、上海市人民政府印发了《关于进一步加强少先队工作促进少年儿童健康成长的意见》（沪委发〔2014〕5号）。习近平总书记也在多种场合多次强调"培养好少年儿童是一项战略任务，事关长远"，可见党和国家对少先队员寄予厚望。

长期以来，一代又一代少先队辅导员、少年儿童工作者为国家和民族未来、为亿万少年儿童的健康成长，做出了重要贡献，其中，少先队大队辅导员是不可忽略的核心力量。在当前群团改革的背景下，了解区内少先队大队辅导员工作情况、摸清辅导员思想动态、关心辅导员身心健康、加强辅导员队伍建设显得格外重要。

2016年4月，在团区委的领导组织下，我们开展了针对全区68所公办学校的"区域大队辅导员队伍工作情况"调研，采用问卷和座谈两种方式。其中，问卷采用"问卷星"在线问卷调查平台，适逢全区"五年期职初教师"在外封闭式轮岗培训，故实际接受调查的问卷53份，收到有效问卷53份。

一、辅导员基本情况

1. 职初和女性教师居多

从附图1可看出，我区少先队大队辅导员高级职称的很少，获得和未获得中级职称的

---

① 此文获得2016年第二届"上海市中小学幼儿园应用调查研究方法优秀成果评选"三等奖。

各占比46%。此外，53位被访的辅导员中，47人为女性，占比88.68%。

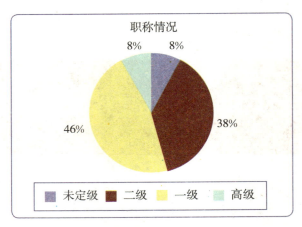

附图1　大队辅导员职称情况

　　按照入职第一学历必须是本科的要求，刚入职的中小学教师年龄在23周岁左右。而调查数据显示，仅有9.43%的辅导员年龄为36～40岁，90.57%的辅导员年龄在35岁以下，39.6%的大队辅导员低于28岁。其中，8%的老师第一年就担任大队辅导员工作，说明其前一任在辅导员岗位上不超过5年，甚至更少。可见，我区大队辅导员岗位人员更换频繁，成熟型教师太少，女性偏多。如果能更多地挖掘一些男教师担任辅导员，发挥男女辅导员性别上的优势，相互取长补短，将更有利于辅导员队伍结构的科学化。

2. 学科多样且流动性大

　　如附图2所示，大队辅导员所教学科是语数英学科的占比60.4%，音体美等学科占比39.6%，这说明学校在物色人选的时候并不看学科出身，而是注重能力，以是否有特长来选拔。

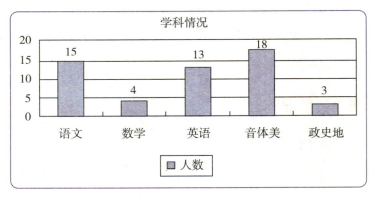

附图2　大队辅导员学科教学情况

少先队工作岗位有特殊性，对音乐、朗诵、写作、编排、组织、信息化技术的要求往往要高于普通教师。这就造成了以下两种情况：一是少数年轻人由于在少先队工作方面得到全面、高强度的锻炼，能力飞速提升，刚刚成熟就被重用，学校再以新辅导员接替；二是多数学校的大队辅导员是有经验的成熟型教师（占比46%），这些教师又往往是学科教学的骨干，几年少先队工作下来，最后都选择在教学上有所建树，周而复始。

3. 理想丰满，现实骨感

少先队辅导员是培养未来人才的重要岗位，那么从事这个岗位的辅导员，其专业素养怎样？是否真的喜欢这个岗位呢？附图3显示，67%的大队辅导员认为自己的工作短板在于专业的理论素养还不够。

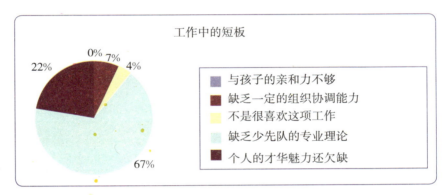

附图3　大队辅导员的工作短板

再如附图4所示，认为自己在岗位上的优势是有能力、有活力、有才华的共占比74%，这说明学校选拔人才有眼光，老师也很自信。但真正"喜欢这项工作"的才9人，占比17%，这说明发自内心喜欢少先队工作的并不多。

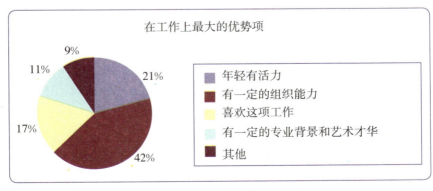

附图4　大队辅导员的工作优势

爱岗敬业，首先要爱岗才能敬业，不爱岗何来的敬业？但是，套用当今流行的俗语，少先队辅导员队伍是"理想丰满，现实骨感"，即当前的这支队伍真正发自内心地喜欢少先队工作的并不多，其工作情感和理论素养都亟待提高。

基于上述三种现象和相关数据分析，我区大队辅导员大多数是职初教师和年轻女性，虽然有能力，但岗位流动性大，辅导员队伍不稳定。

二、辅导员工作情况

1.学校重视并支持专业培训

首先，被调查学校的发展意识较强，能清楚地意识到少先队工作效果对学校办学效应作用重大，都能将少先队工作纳入学校整体计划；其次，数据显示，共有94.3%的学校对辅导员参加各级各类培训非常支持。

2.职称评定重学科教学

调查显示，24.53%的学校对大、中队辅导员职称评定有倾斜措施，不到三分之一。这就不难解释附表1数据呈现的现象：81.13%的辅导员选择学科，少先队专业不到10%。

附表1　参加职称评定的专业比例

选项	小计	比例（%）
德育	4	7.55
少先队	4	7.55
学科	43	81.13
其他	2	3.77

为什么一方面学校很看重大队辅导员的工作，挑选工作能力强的老师担当辅导员工作，压担子、委以重任，锻炼大队辅导员；另一方面，学校在职称评聘时，能对大队辅导员给予倾斜的并不多，且辅导员自身也不愿意选择少先队专业呢？上述看似简单的数据其实含义深刻，分析结果如下：

一是宣传不到位，政策不落实。早在2012年，"少先队"就作为一门专业和单独的学科从德育中脱离，正式参与职称评审。而数据显示，仅有4人次选择少先队职称评定，多数辅导员并不了解这个政策，学校对职称评审工作宣传不到位。

二是学校倾向学科教学成果显著的教师。仅24.5%的学校对辅导员有一定的倾斜，也就是说有三分之二以上的学校仍是以学科教学水平和成果为主要评定标准，一定程度上打击了大队辅导员的工作积极性。

三是辅导员相比一般教师来说，更加好强，有责任心。他们既要完成烦琐的少先队工作，也要毫不逊色地完成教学工作，这对辅导员的脑力、体力和精力的挑战不言而喻。所以一旦学校在职称评定方面重学科教学时，不少辅导员不得已只能专攻学科教学而放弃了少先队工作。

3. 付出与成效不成正比

如附表2数据显示，92.45%的大队辅导员在少先队工作上所花的时间和精力占全部工作时间的一半以上。

附表2　少先队工作所花时间和精力占全部学校工作的比例

选项	小计	比例（%）
30%	4	7.55
50%	30	56.6
70%	19	35.85
全部	0	0

由于少先队工作的特殊性，大队辅导员经常会占用业余和双休日休息时间，花在少先队活动的策划、组织上。此外，少先队工作还包括各级各类、各条线的个人或集体比赛活动，以及各种统计、登记、资料上报等。而学校考核中不少涉及学生比赛成果的考核，相当一部分成绩属于中队辅导员。大队辅导员都是凭着一份责任感在做，没有得到相应的回报。

4. 身兼数职且疲于应付

除了基本的教学工作和常规的少先队工作外，我区大队辅导员大多还兼任其他工作，如附表3所示。

附表3　大队辅导员兼职情况

选项	小计	比例（%）
红读	14	26.42
科技辅导员	0	0
德育部分条线管理	19	35.85
教研组长	4	7.55
艺术辅导员	5	9.43
工会	5	9.43
团支书	19	35.85
其他	24	45.28%

除了上述固定的条线工作外，每年还有如文明创建、未成年人思想道德建设、学生活动节、教学节、督导、年底考核、各项检查验收等和德育有关的临时性工作，这些条线和临时性工作都事关学校办学水平认定，相当重要，不能有误。因此，辅导员们还要在材料准备或者活动组织中奔跑穿梭。

5. 工作量计算差异大

《关于进一步加强少先队工作促进少年儿童健康成长的意见》（沪委发〔2014〕5号）第五条指出："……学校要选派优秀青年教师担任少先队大队辅导员，按照不低于学校中层管理人员进行配备、管理、使用……"教育局下发的绩效考核文件中关于课时工作量测算也有规定，副教导的工作量为系数1，辅导员享受副教导同等待遇，那么也不应该低于1。而实际情况如附图5所示，47%的受访者系数不到1，其中有25%系数小于等于0.5[①]。

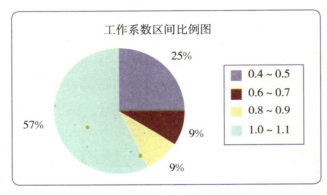

附图5　工作系数区间比例图

接近一半的大队辅导员没有享受到学校中层副职待遇。究其原因，辅导员岗位的地位尴尬。尴尬一：虽然参照中层副职待遇，但没有人事任命的文件，学校选配辅导员就不需要向局人事科申报备案，显现了辅导员岗位的随意性；尴尬二：具体主持辅导员工作的少工委副主任（俗称"三员"）都不在教育行政部门，辅导员的人事关系（肉身）隶属教育局，业务工作（灵魂）服从"三员"，而学校对辅导员的选拔、考核和管理是依照教育局文件政策执行的，区少工委对优秀辅导员的职务提升和职称晋升最多是建议，没有发言、评价和决策权。可以说，在保障自身发展空间这一块，辅导员们经历着

---

① 系数小于等于0.5，有以下可能：①以辅导员兼任红读、艺术辅导员为例，系数拿到了1.2，但误以为这三个岗位是平均分配的，故选择辅导员工作系数是0.4；②九年一贯制学校将两个辅导员的系数一分为二，各0.5；③辅导员系数就是0.4。

"灵肉"剥离的迷茫甚至煎熬。

三、工作中的困惑

大多数辅导员愿意认真对待自己手头的每一项工作，但现实中有些困惑影响着他们的工作积极性。座谈过程中，有大队辅导员吐槽："大队辅导员工作费时费力却效果不显著，不做这活的人无法体会其中的辛苦，包括有些学校领导也不能体会。"访谈了解到，辅导员当前面临的主要困惑有三方面。

（一）工作忙碌，精力不够

1. 业余加班的困扰

大部分大队辅导员反感双休日工作，但出于无奈，除每天加班外，双休和节假日也要加班，是辅导员的工作效率低吗？非也！

一是少先队工作是烦琐的，搞活动需要加班是家常便饭，遇到突击性或重大项目有时还要加班到深夜；二是九年一贯制学校的大队辅导员，忙了小学还有中学，哪怕是一次比赛，人家出一个他们要两个；三是学校日常事务已经不少，再加上外出开会、工作布置和活动指导等，忙得像陀螺，回到家还要备课、批作业、批试卷，教毕业班的往往还要熬到凌晨。

2. 家庭义务的矛盾

长期占用业余休息时间忙碌工作，久而久之，即便再支持工作的家人也会有怨言。大多数辅导员作为职场女性，在学校已经像是女汉子，回到家还要履行妻子、孩子家长、父母子女等多种角色义务。她们有种普遍的感觉：当了辅导员，对得起别人的孩子和父母，对不起自己的孩子、父母和配偶。

（二）专业职称评聘难定位

1. 与教学的矛盾

少先队工作与教学工作冲突时怎么办？众多辅导员认为这跟学校的导向、管理、考评等措施有关。如果学校给予辅导员专业成长有力的支持，在职称评聘、绩效分配、外出培训等方面给予倾斜，兑现辅导员应享受的待遇，那么显而易见，辅导员也会将心比心，愿意多花点时间和精力认真对待少先队工作。反之，则偏向学科教学，他们普遍认为把花在少先队活动上的时间和精力投入到学科教学上，在专业成长方面所获得的回报远远比辅导员岗位要多得多。

2. 专业走向的选择

多数大队辅导员作为职初教师，今后专业走向和发展定位怎么选？分两种情况。

（1）对职初辅导员来说，普遍倾向学科发展。一方面，少先队工作大多数是组织学生搞活动，这往往是作为政治任务去完成的，所获奖项离职称评定要求有距离。另一方面，受学科教研员的批评和影响，学科教学有潜力的老师感觉少先队方向无望，慢慢选择往学科教学方向发展。

（2）已经是中级职称的辅导员，很多也还在犹豫、观望和迷茫中，鲜有明确的发展方向。一方面，因为今后的工作是否还在少先队岗位不明确，可能转向行政管理，可能专攻学科教学；另一方面，区域范围内缺乏少先队名师培养方面的梯队选拔机制，如有班主任工作室，没有辅导员工作室等。高层次的市带头人工作室又必须要满8年的少先队工作经历，这8年对当前年轻干部的选拔培养来说又太长。

（三）各条块工作配合

少先队工作对辅导员的综合能力要求较高，要有充沛的精力和一定的沟通协调能力，才能做好学校少先队工作。

1. 与校内教师的协调

少先队工作的开展需要得到学校各层面教师的配合。有时活动的布置，德育主任和中队辅导员满意，但是分管教学的中层或者任课教师有意见；有时减轻中队辅导员负担，他们满意了但学校领导不满意，因为没有获得应有的成绩。大队辅导员夹在中间，比较为难。

2. 与队员家长的协商

有的少先队活动需要利用队员的双休日时间，而这些队员的家长往往已经给孩子安排了不少的补习班或者其他活动，这就需要大队辅导员协同中队辅导员一起对家长晓之以理动之以情，协商解决。

四、调研结论与建议

（一）结论

总结本次调研，阻碍学校大队辅导员提高工作效能的因素主要有以下几点：

（1）少先队辅导员兼职太多，精力分散，无法潜心钻研少先队专业理论。

（2）岗位的尴尬定位导致各校工作量测算不统一，影响辅导员工作积极性。

（3）少先队辅导员职称评定已单列，但中级评审如笔试内容及上课评价缺乏少先专业性，与"德育管理"无差别。

（4）区域内缺乏大队辅导员的岗位选拔及晋升机制，缺乏吸引力。

尽管面对上述各种各样的困扰因素，但是大多数大队辅导员都具备优秀师德，立足岗位，努力工作。有的大队辅导员如是说："当看到自己在少先队工作中取得的一些成效和成果时，挺有成就感的。虽然在绩效考核和其他方面不能客观体现，但是也不去计较太多"；"成为大队辅导员，感觉自己都年轻了，因为与孩子们能更近距离地交流，有时也是蛮开心的。只是希望不要占据太多的时间"。事实也确实如此，我区每年一次的辅导员风采展示会上，"我骄傲，我是少先队辅导员"成了保留节目。中国少先队工作学会副会长、上海市少先队总辅导员赵国强也高度评价"区域少先队活动课程充满活力，创造性辅导已成为奉贤辅导员追求的最高标准"。

（二）建议

辅导员们有着一颗仁爱之心，哪怕不是真心喜欢也在任劳任怨、尽心尽责地工作着，"努力让红领巾成为队员们的骄傲，让星星火炬成为幸福童年最温暖的旗帜"。希望本次调研情况和结论能引起上级部门的重视，在区域层面从管理机制、职称通道、专业培训等方面采取一定的改进措施，提高辅导员们的工作效能和职业幸福感，建立一支更加稳定、更具专业性与发展性的少先队辅导员队伍。

1. 大队辅导员的选拔配备

学校要选派优秀青年教师担任少先队大队辅导员，并事先与区少工委进行充分沟通，原则上应具有2年以上教育教学工作实践，是青年教师中的共产党员、优秀共青团员或入党积极分子，适当挖掘优秀男教师担任辅导员。绩效考核时把大队辅导员列入中层副职行列，并将优秀大队辅导员列入教育系统校级后备干部培养序列。

2. 大队辅导员的职称晋升

区教育局人事部门要做好符合条件的少先队大队辅导员职称评聘工作，建立专业的少先队辅导员中级职称评聘通道，真正把对辅导员的考核评定从德育中单列出来。同时，在当前专业分工越来越细分化的时代，要有前瞻性地探索区域少先队专业领域的名师工作室和特级教师培养机制。这对当前占比46%的有经验的成熟型中级职称的辅导员教师来说，有助于引领他们明确未来专业发展走向，专心从事少先队工作。

3. 大队辅导员的学习培训

区业务管理部门要建立辅导员全员轮训管理网络，将辅导员培训纳入教师继续教育培训体系，强化职初、骨干辅导员等培训课程，对辅导员加强专业理论素养方面的培训，并让专业技能培训更具针对性、操作性和科学性，快速有效地提升大队辅导员的专业理论功底。

4. 学校少先队工作的考核评价

区少工委要把少先队工作纳入教育综合改革总体格局。教育部门在推进教育综合改革、规划区域教育发展、开展教育督导评估中，要把少先队工作作为重要内容统筹安排。

少先队是培育广大少年儿童核心素养的重要阵地，建立一支专业化、职业化的少先队辅导员队伍，把少先队工作引入制度化、规范化轨道是必然趋势。因此，衷心希望上级有关部门进一步完善对学校少先队工作的考核、评价、督导机制，创造出更有利于少先队辅导员专业发展和成长的空间，让我们的辅导员进一步坚定革命的理想信念、扎实专业的理论知识，树立高尚的道德情操，在少先队工作领域更有作为、更有地位。